古代歷史文化研究輯刊

九 編

王 明 蓀 主編

第 23 冊

中國民國服裝史（下）

徐 華 龍 著

國家圖書館出版品預行編目資料

中國民國服裝史（下）／徐華龍 著 -- 初版 -- 新北市：花木
蘭文化出版社，2013〔民102〕

目 2+134 面；19×26 公分

（古代歷史文化研究輯刊 九編；第 23 冊）

ISBN：978-986-322-204-0（精裝）

1. 服裝　2. 服飾　3. 民國史

618　　　　　　　　　　　　　　　　　　102002681

ISBN-978-986-322-204-0

9 789863 222040

古代歷史文化研究輯刊
九　編　第二三冊　　　　　　ISBN：978-986-322-204-0

中國民國服裝史（下）

作　　者　徐華龍
主　　編　王明蓀
總 編 輯　杜潔祥
出　　版　花木蘭文化出版社
發 行 所　花木蘭文化出版社
發 行 人　高小娟
聯絡地址　235 新北市中和區中安街七二號十三樓
　　　　　電話：02-2923-1455／傳真：02-2923-1452
網　　址　http://www.huamulan.tw 信箱 sut81518@gmail.com
印　　刷　普羅文化出版廣告事業
初　　版　2013 年 3 月
定　　價　九編 27 冊（精裝）新台幣 45,000 元

中國民國服裝史（下）

徐華龍　著

目

次

40 年代（1940～1949）——
一個趨於成熟的現代服裝文化

一、傳統與現代

　　40 年代，由於中國發展的不平衡，形成服裝發展上的落差，有的地方與外國服裝文化的有機對接，但在有的地方卻依舊緩慢地行進中，與 30 年代相比沒有太多的變化與發展。

　　以江西吉安為例，他們的穿著有恨大的變化。根據 1941 年《吉安縣志》記載：「民國禮服仿歐美，尚短，在邑中吾見亦罕。以便服言，時髦多作西裝、中山裝，學生、軍人又自有裝，常人猶沿前代服制，而有士農工商、冬夏貧富之不同。貧大布，而富綢、呢、嗶嘰、緞；冬皮、綿，而夏紗、羅、紵、葛；士、商長衣馬掛（褂），工商（農）非行禮不長衣，懼其妨操作也。婦女在昔衣短而袖大，並加緣飾；今無緣飾，而袖亦漸小，更有仿旗婦御長袍者。摩登女則衣頎長，而袖短至肩，褲短至腿。學校女生裙尚青而高繫，下於膝者僅寸餘，又非若舊婦女之裙垂抵鞋，色紅而絲繡爛漫矣。」〔註 1〕

　　這裡可以發見，人們的服裝越來越豐富，不僅表現在款式（主要是模仿西方，但也有了中國傳統樣式）、布料、顏色等方面，也表現在貧富差異也形成多種服裝形態。同時，襪子、鞋子也都與社會共同進步。在安吉，襪子發生改變：「邑之襪向係布質，寒則綿其中，暑則易以竹布。今惟鄉間尚有布襪，城市中人襪皆線所結，間或御絲絨、毛織等襪。婦女亦然，絲襪者百之一，

〔註 1〕 《中國地方志民俗資料彙編·華東卷》中第 1147 頁，書目文獻出版社 1995年版。

線襪者百之九五」。〔註2〕由於纏足的解放，鞋子也越來越多種多樣。「束縛解後，大率文明，其鞋作花者寡，時髦女則御高跟鞋。男子履，前有蝴蝶，作三層雲形，近四十年一致用瓦形式鞋。兒童舊鞋多花，今亦弗尚。製鞋之質，華者或緞，或呢，或嗶嘰；樸者已耳。綿鞋、毛線鞋爲隆冬所需。行於雨中者，在昔曰木履，曰釘鞋，曰水靴；今曰皮履，曰膠鞋。」〔註3〕

這些地方志的記載，眞實地再現 20 世紀 40 年代初的中國城市衣服及其鞋襪的一些變化。這些變化是 30 年代之後中國服裝史上的一大進步，眞正踏上現代社會的節奏，有了與傳統根本不同的文化色彩。

現代服裝的典型代表是西裝，從二三十年代開始，西裝逐漸從留學生中間慢慢的擴展到普通市民中間。到了 40 年代，西服已成爲了中國城市的主要服裝，特別是在上海，各行各界都普遍進行穿著。這時候上海設立了數百家的西服店號，以及數千的做西服的職工，並在此基礎上成立了西服業公會。加入公會的大大小小西服號共有四百二十餘家。他們從 1930 年開始建立，到 40 年代已有十多年的歷史。另外還有西服職業工會，它是全市三千零五十多個西服職工的代表團體，建立於 1946 年 1 月。前者是資方的組織，後者是工人的組織。

上海西服業的職工，大多數是寧波人爲多，其中以奉化籍最多。當時的西服的類別，以花式分爲素色、格子、條子等。以式樣分有雙排紐、單排紐之別。以質地分有板絲呢、嗶嘰、羅斯福呢、羅絲呢、海力斯、火母斯本、單面花呢、麥爾登呢、卻克丁呢、茄別丁呢、啥咪呢、法蘭絨、波蘭呢，以及過時的凡立丁、雪克斯根、派力斯等，其中以嗶嘰、法蘭絨、海力斯、啥咪呢等爲大宗呢貨，而以麥爾等、卻克丁呢爲戰後新興的進口呢料。

〔註 2〕 《中國地方志民俗資料彙編‧華東卷》（中）第 1147 頁，書目文獻出版社 1995
　　　　年版。
〔註 3〕 《中國地方志民俗資料彙編‧華東卷》（中）第 1147 頁，書目文獻出版社 1995
　　　　年版。

穿旗袍的廈門女子

浴 衣

這個時期，服裝業的競爭也是非常激烈，為了達到擴大知名度的效果，商家不惜鉅資邀請明星來做廣告。「鴻翔時裝公司曾利用上海人羨慕電影明星，要『出風頭』的心理，在蝴蝶當選『電影皇后』時，假座百樂門舞廳舉辦時裝表演會。裁縫出身的公司老闆金鴻翔，邀請蝴蝶身穿公司贈製的綴滿蝴蝶形裝飾的新奇禮服出臺表演，自己親自介紹，贏得了在場名媛淑女的滿堂喝彩。第二天報刊又爭出報導，圖片加文字，一下子使這家專做西服女裝的公司的知名度大增。」〔註4〕

穿泳裝的少婦

在其他地方，女子西服沒有上海那麼流行，但是男性開始穿著西裝慢慢的成為習俗。如在東北，1948年《海城縣志》記載：「近年上流社會，多著西式洋服，概用呢製。」〔註5〕在福建，學生開始穿著西裝，則是從民國初期就已有記載。1943年《明溪縣志》曰：「民國以來改穿制服，短者有著中山裝、學生裝或西裝；長者則有常禮服、大禮冠服，用禮帽。富貴貧賤、老少均可穿戴，幾無分別，惟公務人員則佩戴徽號與證章，以為標識。」〔註6〕從上述兩則記載來看，西裝只是一部分人的服裝，還不算是全民都喜歡穿的衣著。

事實上，但就一般情況來說，中國服裝依舊遵循傳統的軌迹慢慢的演進。

在西北地區，依然很少變化。《青海志略》1943年記載：「青海除少數地方外，大都地方氣候寒冷，故衣服以皮毛為主。即普通人冬夏均著皮衣、毛衣，一般人用老羊皮，故富者用薄毛或洋布，豪貴及有勢力者則著綢緞。」〔註7〕

在陝西，《同官縣志》1944年載：「衣服多為自制之粗布，服外來貨者多

〔註4〕 《阿拉上海人——一種文化社會學的觀察》第72頁，復旦大學出版社1993年版。

〔註5〕 《中國地方志民俗資料彙編·東北卷》第78頁，書目文獻出版社1989年版。

〔註6〕 《中國地方志民俗資料彙編·華東卷》（下）第1345頁，書目文獻出版社1995年版。

〔註7〕 《中國地方志民俗資料彙編·西北卷》第265頁，書目文獻出版社1989年版。

係公務人員及富者耳。農服舊時左衽制，履皆牛鼻式。（公務人員及學生則著制服，履多方口、圓口之類。）遇慶賀等事，士人則衣袍褂。」〔註8〕1944年《宜川縣志》亦載：「衣服多用棉織品，極少衣絲綢者。男冠布巾，女衣左衽。男女均慣短衣，非遇婚喪，男鮮服袍，女鮮衣裙。被係棉裝，褥多毛氈。」〔註9〕1944 年《洛川縣志》也記載：「衣服率用粗布，絕少絲織品，雖由地方瘠苦，亦俗尚質樸也。（因無棉產，不慣紡績，近年因政府提倡紡織運動，風氣稍變。）冬日禦寒，多衣羊皮（因水草油細，所產羊皮較榆林一帶為絨厚，惟硝法不善耳）。被褥等物，除棉布者外，並多毛毯、毛氈等（毛毯多來自榆林，近有製作者；毛氈多本地產，用以墊炕，並製冬日帽襪）。」〔註10〕《中部縣志》1944 年同樣記載：「冬日禦寒，多用羊皮。」〔註11〕

　　在南方，製作衣服的料子，一般都是自己紡織的土布。廣西《雷平縣志》1946 年：「衣服料用土布，冬棉夏葛，到處皆然。男子裝飾與內地無異，對襟短衣俾便於工作；長袍馬掛（褂），非地方中之有地位者必無此物也。女子裝束，短衣圍裙，包巾口帶，頭插銀簪，項圈銀鏈，耳墜銀環，手套銀釧，以老眼審之，古香古色，別有風致。」〔註12〕在鳳山縣，「衣著，除公務員、學生用織品外，餘均土布。客人不習紡織，用布向本地婦女買用。」〔註13〕

　　在福建的穿著則與傳統有了些不同的情形。據 1943 年《明溪縣志》載：「衣服質料，雅尚棉梭夏布。夏短衫，冬長袍，為普通常服。在科舉時代，必須考試入轂及薦辟捐職者，遇有喜慶時方著禮服，質用綢緞，亦用呢羽嗶嘰者。三庠著藍衫，授職者著補褂，其補服頂戴以文武官職之品級區分。民國以來改穿制服，短者有著中山裝、學生裝或西裝；長者則有常禮服、大禮冠服，用禮帽。富貴貧賤、老少均可穿戴，幾無分別，惟公務人員則佩戴徽號與證章，以為標識。至從前婦女，則無分寒暑皆寬衣大袖，猶敦古處，其因夫或子貴者亦均服與夫及子同品之禮服；近因沾染外間氣息，奇裝異服，

〔註8〕　《中國地方志民俗資料彙編·西北卷》第 67 頁，書目文獻出版社 1989 年版。
〔註9〕　《中國地方志民俗資料彙編·西北卷》第 116 頁，書目文獻出版社 1989 年版。
〔註10〕　《中國地方志民俗資料彙編·西北卷》第 130～131 頁，書目文獻出版社 1989年版。
〔註11〕　《中國地方志民俗資料彙編·西北卷》第 138 頁，書目文獻出版社 1989 年版。
〔註12〕　《中國地方志民俗資料彙編·中南卷》下第 924 頁，書目文獻出版社 1991 年版。
〔註13〕　見 1946 年《鳳山縣志》，《中國地方志民俗資料彙編·中南卷》下第 943 頁，書目文獻出版社 1991 年版。

尤而傚之者時有所見。」〔註14〕

　　為什麼中國服裝有的地方發展得較快，而有的地方則變化非常緩慢，這一方面是地區的經濟的原因，另一方面則牽涉到人們傳統的觀念。在很長的一個時期裏，人們認為與傳統相悖的服裝，是奇裝異服，這種觀念的作祟，服裝的進步當然是步履蹣跚。與傳統服裝相左的服裝都是「奇裝異服」，這種觀念市場不可小覷，勢必會阻礙中國服裝文化發展的進程。《明溪縣志》就這樣說過：「至從前婦女，則無分寒暑皆寬衣大袖，猶敦古處，其因夫或子貴者亦均服與夫及子同品之禮服；近因沾染外間氣息，奇裝異服，尤而傚之者時有所見。」〔註15〕這裡所說的「奇裝異服」就是這種觀念的集中反映。

　　另外，商人開辦各種布店，也為當地的服裝製作提供了布料。據說，董滌塵 1931 年到杭州，與人合夥在迎紫路開了一家「倍克呢絨西服店」。這家西服店生意很好，深受民眾喜愛。正當董滌塵的生意越做越好之時，抗日戰爭爆發了，董滌塵只好帶著全家老小，逃到安徽和金華等地，靠賣零頭布糊口。1942 年形勢稍安定些，他才返回杭州重振旗鼓，和朋友合夥在官巷口開了家「大公佈店」，後在鼓樓外獨資開辦了「開泰祥布店」，主要賣棉布、呢絨綢緞、花色布和龍頭細布，兼賣杭州都錦生的一些產品，一直到 1955 年公私合營。〔註16〕董滌塵在杭州開設西服店到布店，雖經磨難，最後還是成功，除了他個人的經商之道外，其秘訣就在於，服裝是人們「衣食住行」之首選。

　　關於人們這時候喜歡從商店購得衣服的記載，可從 1948 年湖南《醴陵縣志》中得到印證：人們的「衣服向以棉布為大宗，蓋因價值低廉，質牢而溫暖，鄉民多採用之。夏暑服夏布，每歲出產除自用外，尚有大量輸出。近來風氣浮靡，城市尤甚，人人不惜重資購置紈綺，以為章身之具。棉苧各布，銷路亦滯，勞動者外鮮有服此者。」〔註17〕這裡，可以看到農民還是依然傳統穿著，而城市裏，「風氣浮靡」，「人人不惜重資購置紈綺，以為章身之具」，可見其影響之大。

〔註14〕《中國地方志民俗資料彙編·華東卷》（下）第 1345 頁，書目文獻出版社 1995年版。

〔註15〕《中國地方志民俗資料彙編·華東卷》（下）第 1345 頁，書目文獻出版社 1995年版。

〔註16〕《浙江服裝名商──魯迅隔壁鄰居的董滌塵》，載《魯迅研究》2010 年，上海文藝出版社 2010 年版。

〔註17〕《中國地方志民俗資料彙編·中南卷》（上）第 501 頁，書目文獻出版社 1991年版。

二、皮裝與絨線

1、皮　裝

皮裝是冬天特有的服裝，特別是在
寒冷的北方尤其如此。1947 年《寧夏紀
要》說：「普通衣著原料，多取給當地所
產之皮毛，及外埠輸入之布匹、綢緞、呢
絨等。以本省氣候春秋日尚冷，故人民喜
穿夾衣、棉服，如棉袍、棉褲等；……冬
日則皮裘。所戴之帽，式樣不一，大都以
氈帽、緞帽、皮帽或呢帽為主。所穿之鞋，
冬日多為高底氈鞋，取其輕暖故。貧苦人
民多常年穿著無面的老羊皮襖。」〔註18〕

30 年代的女性皮毛大衣

《海城縣志》1948 年記載：「男子常服長
袍、短褂、綢緞、呢絨、紗、羅、夏布及
各種粗細布類，皆可製衣。冬日皮裘，則
狐、貉、羊羔、山狸、灰鼠之類，皆可用
之，若貂皮、猞猁、水獺、海龍乃貴重品，
非通用者。冠，則夏日草帽，冬日皮帽，
春秋緞製小帽（俗稱『帽頭』）及西式氈
帽（亦曰『博士帽』）。履，則冬棉與氈，餘悉用緞，亦有用革履者。……冬戴
氈製耳帽，足著牛皮靰鞡，內實細草，曰靰鞡草，行冰雪中，足不知寒。故諺
云：『關東城三宗寶：人參、貂皮、靰鞡草。』非虛言也。」〔註19〕很顯然，在
天寒地凍的地方，人們會自覺地用皮衣來進行保暖。

但是真正能夠穿著皮裝的也是少數。根據《恒仁縣志》1948 年記載：「居
民普通衣服，惟布一種，著綢緞、呢絨者甚少，而以青、藍、白三色居多。
單、夾、棉隨時更易，在極暑極寒之期，亦鮮有用葛與裘者。以長衫短褂為
常服，農人俱服短衣，以其便於操作也。鞋帽則以質樸應用為主。農人多用
靰鞡及皮帽。」〔註20〕

〔註18〕　《中國地方志民俗資料彙編・西北卷》第 240 頁，書目文獻出版社 1989 年版。
〔註19〕　《中國地方志民俗資料彙編・東北卷》第 78 頁，書目文獻出版社 1989 年版。
〔註20〕　《中國地方志民俗資料彙編・東北卷》第 97 頁，書目文獻出版社 1989 年版。

　　此處文字，可以看出普通老百姓即使「在極暑極寒之期」，也很少使用皮毛衣服，有的僅是皮帽等簡易製作的防寒用品。缺乏的是如何用動物的皮毛進行再加工，更缺少對皮毛服裝的款式、顏色的設計與製作。

　　40 年代，人們對於加工動物皮毛已經有了很大的進步，不僅如此，而且還懂得各種動物毛皮的價值與作用。

　　例如貂皮，被視為皮貨中的珍品。據說貂皮製作的裘皮大衣立在風裏，較之在屋內為暖，這是它之所以名貴的原因。貂是一種和小的動物。一尺貂皮不足盈尺，需要六十多隻貂才可做成一裘。

　　狐皮亦是上品，其禦寒溫體之功，稍遜貂皮，而輕柔與貂皮相仿，市面上以玄狐最好，最珍貴，為純黑色。另外營黃狐、白狐也上品。前者毛鋒頗厚，色黃而亮，後者毛色潔白，細軟而有光澤。其他還有紅狐、烏刀狐，以及長城以南之隔山狐、陝甘之西路狐，也都十分流行。草狐品質最低，產於浙江溫州、台州等地。狐腋之毛白色，集以為裘，最輕暖，故亦為名品。

　　鼠皮亦是裘中上品，不減狐皮。灰鼠是產於黑龍江、吉林一帶，興安嶺等地的鼠皮更佳，毛色呈現青黑色，豐滿厚實，腹部色白。以上製裘，會形成白斑黑底圖案。另外一種銀鼠，毛色潔白，其皮也可以製裘。銀鼠產於外蒙古以及西比利亞一帶，形態比灰鼠稍大，毛絨甚密。但銀鼠不及灰鼠受人歡迎，過去僅以銀鼠作衣服上的裝飾品，稱之為「出鋒」。

　　出風頭，也叫出鋒頭。這個辭彙，早在 20 世紀初就流行過，如今已經成為時髦的同義詞。「出鋒頭三字，的確是上海人發明的，流傳至今，大概也有二三十年了，那時上海人的服裝，正流行洋灰鼠的出鋒，時髦朋友都穿著洋灰鼠四面出鋒的方袖馬褂，官服有四面出鋒的外套，甚至女人也穿有四面出鋒皮襖的平常人穿不起四面出鋒衣服，也要裝出一條洋灰鼠出鋒領頭，藉此表示時髦。」〔註21〕

　　在國外，西洋女子也非常喜歡銀鼠，結婚時更喜歡用銀鼠製作禮服，取其純潔之意。而這種習俗也影響到上海等地，從而發生銀鼠供不應求的狀況，於是人們有用兔皮來替代銀鼠，效果沒有銀鼠好，但外形卻差不多，也滿足一部分人是需求。羊皮在皮貨中，應列次品。其實，羊皮之毛色品質，大有分別，貴賤也很懸殊。羊皮以綿羊為主，羔羊皮因其輕軟而受歡迎。江浙一帶過去有宰殺羔羊取其皮的習慣，為農家的副業。陝甘地區所產羊皮，黑毛，

〔註21〕《上海俗語圖說》第 88 頁，上海書店出版社 1999 年版。

也稱之爲黑紫羔，其價更貴。宰羊多種冬季，此時其毛長而絨實，品質最佳。

虎皮、豹皮都是皮貨之寶。一般都是顯貴之家的製裘之用，但由於貨源太少，大多數也被用作爲床榻裝飾用品。

兔皮也是常見的裘衣用料。兔皮有家兔與野兔之分。野兔以東北所產爲上，毛色略青，長三寸許，極其輕柔。江浙皖等地沼澤蘆葦裏也有野兔出沒，毛作蘆花色，做成帽子銷往海外，很少有做裘皮大衣的。家兔以四川爲上，毛色純白，產量很少，也多銷往國外。松廬《婦女新裝竹枝詞》就寫到過用兔毛製作的大衣：「玄葛大衣玄兔毛，長袍短罩最時宜。高跟革履純絲襪，蓮步行來不轉移。」後加說明：婦女大衣，以玄色毛葛製作，較呢絨尤爲光豔奪目，領袖口鑲以玄色之皮，益形美觀，足瞪高跟皮鞋，行路時別饒風姿也。〔註22〕

黃鼠狼大多數產於長江下游等地，到了冬季，農民會捕而殺之，其毛呈黃色。據說江西所產的最深，山東的次之。雄性的黃鼠狼毛豐而皮薄，雌性的皮板厚而毛鋒細。過去也都銷往海外，後來也都做成女性的裘皮大衣。

猞猁皮也是極其珍貴，猞猁是水下動物，形狀像狸貓。周身長毛，背部淺火，胸腹作白色，間以黑色圓點。產於蒙古地區的爲上品，東北的次之，毛色微黃，西藏產的毛細無力，故品質較差。

獺也是製裘之皮。獺如鼬鼠，長三尺，頭扁眼大，全體披細長，夏天呈黑色，冬天則稍赤，其皮可以製裘。獺分江獺、關獺、藏獺。江獺產於湖南、四川、貴州等地，以湖南寶慶所產的江獺最好；關獺產於東北，毛結實而鋒甚短；藏獺是西藏所產，毛極其豐厚，長六七分，爲獺皮中的極品。過去由於沒有人工飼養，這些裘皮的來源大多數依賴野生的動物的供給，因此時間性極強，皮貨就成爲季節性的商業，每年的營業時間只有三個月。那個時候的上海人需要添置皮衣，一般都在過年之前就進行了準備，否則就會錯過這年的添置皮裘之衣的時光。〔註23〕

皮衣在 30 年代也是非常時髦的服裝，爲了引起人們的關注，有的公司還專門打出廣告來介紹自己的產品。《東方雜誌》第 29 卷第 1 號（1932 年）有一則西比利亞皮貨公司廣告：「本公司爲海上經營皮貨之巨擘，專辦西比利亞業及各地所產上等皮貨，以供製衣之用，聘有歐洲高等技師，工料保證滿意，

〔註22〕 《時事新報》1932 年 6 月 19 日星期一。
〔註23〕 屠詩聘《上海市場大觀》下第 22～23 頁，中國圖書集志公司 1948 年版。

備貨充足，任憑選擇，請蒞臨參觀，方知言之不謬。本公司並代洗刷，陳舊皮衣一經洗刷，定能嶄新如新。本公司並無分店，或聯號，請各界格外注意，以免受愚。」上海靜安寺路 1137 號，電話：三六五二號。從這則廣告裏，可以知道皮衣已經成爲服裝的的一部分，否則是不會有重要的廣告的。

由於皮裝的流行，促進了皮毛服裝的發展，上海東方皮毛服裝廠 30 年代只是一家很小的皮貨商店，到了 40 年代，被稱之爲遠東最大的皮毛服裝廠，其門店開在繁華的南京西路陝西北路口，顧客盈門。與其相鄰的是猶太人開設的「西比利亞皮貨商店」，同意生意興隆。

看書的女孩

2、絨線編織

絨線的編織，是 40 年代中國服裝領域的一個重要變化，是將絨線從簡單的服裝裝飾，轉變成爲一種流行款式，成爲一種服裝的新型材料，同時也極大地豐富了人們的穿著，改善了人們的生活。

早在 20 世紀初，絨線已經進入中國，特別是上海等地。在女子學校裏，還開設了毛線編織課程。有時候雖不是毛線課，女學生卻將它帶進課堂，「我最討厭她們的，是把那些絨線生活，暗帶到課堂裏來。她們一面聽講，一面在桌子底下織那絨線生活。她們是熟極而流的，眼睛不必去看它，但是一不小心，鋼針落地，丁零一聲，大家都回首以觀，掩口而笑了。有時候，的溜圓的一個絨線球，直滾到了教師桌子傍（旁）邊，她又不好意思來拾取，倘把絨線盡扯，卻是愈扯愈長。我已經幾次託楊師母給她們說了，她們卻還是老不改，我只得自己開腔了。說了以後，果然就沒有帶絨線生活上課堂來了。」〔註24〕

這些回憶錄文字，說明了那時候毛線已經成爲人們（特別是女孩子）生活裏不可缺少的內容。

絨線編織，最早是從帽子、圍巾、手套、襪子、嬰兒套裝、絨線內衣、束肚等簡單的用品進行編織的。而這些簡易的對象，對於保暖能夠起到立竿

〔註24〕 包笑天《釧影樓回憶錄》，山西古籍出版社、山西教育出版社 1999 年版。

見影的效果。束肚是一種爲勞動者著想的用具。「不論城市中或廣大勞動群眾與農村同胞，都可以採用絨線束肚，因爲在工作勞動時候，常會因體溫增加而脫掉外衣，有一個束肚，就不會讓冷風侵入腹部，以免受寒，用絨線來編結束肚，更溫暖，更柔軟。」〔註25〕

　　絨線編織的興盛，與國內絨線生產規模的不斷壯大是分不開的。絨線最早是 從國外傳入中國的，可以編織成各種生活物品，由於價格昂貴，用者寥寥。1919 年後上海有了維一絨線廠以及先達、勝達、維綸等駝絨廠開設，所產絨線、駝毛等質量上乘，價格遠低於進口貨，因此產銷兩旺。1930 年章華毛紡織廠設立，其規模宏大、設備完善，從紡羊毛紗線至織造各種呢絨、嗶嘰，爲全市唯一的毛紡織全能廠。1936 年初，一家專門生產絨線的裕民毛線廠誕生了，職工 200 餘人，生產的絨線起名「地球牌」與「雙洋牌」，這是中國第一家專門生產絨線的毛紡織廠。〔註26〕

　　到了 30 年代英國商人在上海開辦了絨線廠，叫英商蜜蜂毛線廠，其機器設備都是從英國運來，是遠東第一大規模的絨線廠。羊毛從澳大利亞等國進口，利用中國低廉的勞動力，獲得豐厚的利潤。有學者就說：英國絨線業托拉斯爲壟斷市場，1934 年在滬投產的密豐（筆者按：可能爲「蜜蜂」之誤）絨線廠，年產量達以 600 萬磅，占全市絨線產量的 50% 以上。它從澳洲輸入羊毛，利用我國廉價勞動力生產「蜜蜂」、「蜂房」牌絨線，減低成本以加強競爭力，民族資本絨線廠發展遭受巨大影響。〔註27〕

　　由於絨線的大量生產，帶來的銷售競爭非常激烈，這樣也使得絨線的價格越來越接近老百姓的消費水平，爲絨線走進千家萬戶帶來可能。

　　再加上絨線廠家的大力宣傳，進行各種編織比賽，也促使絨線編織的發展起到推波助瀾的作用。

　　1947 年 7 月，上海各大報紙都刊登了卜海裕民毛絨線廠舉辦「絨線編結有獎競賽」的啓事。啓事中稱：「晚近各界人士咸用絨線編結爲服御品，以其輕暖舒適經久耐用種種優點早爲世所公認。本廠出品地球牌雙洋牌粗細絨線品質高尚，售價低廉亦早爲各界所稱許。茲爲提倡編結技術，增進用戶興趣起見，特舉辦『絨線編結品有獎競賽』。徵集各式出品陳列一堂，行見經緯有端，花色翻新縱橫萬變，各出機抒有特顯示絨線應用品之廣，更足以增手工

〔註25〕黃培英主編《大家來編織》第 7 頁，上海毛絨紡織廠 1949 年印刷。
〔註26〕吳基民《羊行天下──恒源祥的故事》第 57 頁，上海文藝出版社 2006 年版。
〔註27〕張仲禮《近代上海城市研究》第 266 頁，上海文藝出版社 2008 年版。

藝品之光。尚祈名媛淑女踴躍參加，襄茲盛舉，幸哉幸哉是為啓。」該項竟賽開出了豐厚的獎品，即超等獎 2 名，各得現金國幣 200 萬；特等獎 3 名，各得現金國幣 100 萬元，優等獎 5 名，各得現金國幣 50 萬元；上等獎 10 名，各得現金國幣 25 萬元等。當時幣值尚穩定，國幣約四千元買上好大米一擔。〔註28〕

這是一種大張旗鼓的宣傳，但是，不管怎樣絨線已經深入人心，成為她們生活的一部分，許多市民喜歡用它來編織自己的物品。

這時候，有人從中發現商機，利用自己的編織技術，擴大編織隊伍，從而帶動絨線編織的發展。

上海的絨線編織與黃培英、黃秋萍等人的大力提倡與身體力行的示範是分不開的。1927 年黃培英掛出「培英編結傳習所」的招牌，向中年婦女傳授編結法。兩年後，黃培英結婚後，傳習所關門，但是她依然喜歡自己的編結事業。到了孩子滿周歲後，應邀到南京東路麗華公司的邀請，在他們主辦的天津「抵羊牌」毛線展銷會上教顧客編織各種各樣的花樣新穎的毛線衣。後來，毛線店請她去教，商業電臺也請她去教，培英傳習的面大大擴展，名聲大噪。1933 年黃培英自己寫書，將編結方法與服裝款式，形象地展示出來。她獨特的圖案梅、杏、桃、薔薇等花型的鏤空毛衣成為當時婦女時髦的外裝。〔註29〕事實上，絨線真正走進普通百姓的家庭是在 40 年代。應該說，這時候是絨線編織的黃金時期。更由於蝴蝶、周旋、謝家驊、杜驪珠、路明、白虹、白光、陳嬿、束莢、張帆、言慧珠、蔡碧霞、龔秋霞、陳寶蓮、唐培培等明星、名人來做絨線服裝的模特兒，為絨線服裝的發展起到推波助瀾的作用。

黃秋萍在其《秋萍》一書的《自序》中說：編織一門，首重藝術，藝術之規範，在於運用靈敏的思想，超越的目光，以欣賞大自然的事事物物，無悖於世界進化的趨勢，不斷研究，而臻日新月異之途。秋萍主編絨線刺繡與編織之刊物，遠在十餘年前，出版已二十期，印數達數百萬冊，旨在發揚藝術，提高女權，使婦女得以自食其力，故每期出版，無不爭先恐後，購求一空，行銷全國都市以及窮鄉僻壤，各期內容，皆隨時代而進步，自信決不後人，今年世上風行之仿造呢絨機織女式大衣，即係秋萍學校所傳授，畢業學

〔註28〕 吳基民《羊行天下——恒源祥的故事》第 75～76 頁，上海文藝出版社 2006
　　　　 年版。
〔註29〕 干谷編《上海百年名廠老店》第 37 頁，上海文化出版社 1987 年版。

生，均能利用機械速力，紡成仿呢絨時裝，一應各界仕女之需要，而謀絨線商店之發展。〔註 30〕

另外，絨線編織服裝的迅速發展，還在於經濟而且變化成各種各樣的花紋與圖案，能夠滿足時髦女性的求新求變的想法。「機織絨線外衣，以出品迅速為其特點，惜乎不易拆洗改結，於經濟原則，未能相符，而刺繡花紋圖案，又需依賴手工，故精明主婦，摩登仕女，仍喜手織，因可屢拆屢洗，於絨線之色澤彈性，仍能保持原狀，每年時行式樣，精巧花紋，可隨心改結，迎合潮流，尤以目前絨線供應失常，不易購得之時，將舊者拆洗，重新編織，鮮豔光潔，依然如新，風姿綽約，倍增婀娜」。〔註 31〕

由於絨線的普及，絨線編織有了更大的發展，從一般實用品的編織開始向時裝方向進步和發展，「女式時裝，春秋兩季不同，式樣多隨潮流變遷，而絨線服裝，不甘落後，所以每次編織法出版，絞盡腦汁，天下之事最難者為一發明創造，古人云，頭難，頭難者，詢不吾欺，意義良深」。〔註 32〕

特別是在春秋兩季裏，絨線編織的服裝有了更大的天地。這時候，有和合掛肩菊花背心、藕絲花燈籠袖短裝、刺繡舞式時裝外衣、刺繡體育青春裝、珍珠衫、麻雀體操圖圓角春裝等，也有男子的繡鹿背心。言慧珠穿著的是「水仙花邊短裝」，這種服裝，「在盛行絨線短裝的初秋，最普遍者就是桃花，五顏六色，千篇一律，如圖中言慧珠小姐，穿的一件，配色文雅，在領圈鈎成花邊，頂上，很為美觀，採取深色絨線鈎水仙花，既大方，又別致。」〔註 33〕此外還設計有雙色蝴蝶花短裝、刺繡小咪絨線短裝、絨線繡花旗袍、夜禮服、披肩、夾襖、飛行服、童裝等，極大地豐富了絨線服裝的領域。

冬天，也有適合寒冷季節穿著的絨線衣服，如盤扣絨線棉襖。秋萍說：「絨線棉襖在去年已很風行，我亦設計過好幾件，今年這件棉襖的設計，我又修改了一種特殊的式樣，下擺用開叉式，紐扣採用繡花的底板，伴鑲出果粒的扣子，顯出非常奪目，全衣用深藍作底，沿鑲出粉紅色的嵌線，和繡花如藍寶伴玉，格外呈現出雍容華貴的風度，風姿綽約的少婦，更能表現出貴族化的特徵。」〔註 34〕

〔註 30〕 《秋萍》1949 年第 2 期，良友絨線公司發行，藝文書局 1948 年印刷。
〔註 31〕 《秋萍》1949 年第 2 期《自序》，良友絨線公司發行，藝文書局 1948 年印刷。
〔註 32〕 《秋萍》1949 年第 2 期編者的話，良友絨線公司發行，藝文書局 1948 年印刷。
〔註 33〕 《秋萍》1949 年第 2 期第 16 頁，良友絨線公司發行，藝文書局 1948 年印刷。
〔註 34〕 《秋萍》1949 年第 2 期第 24 頁，良友絨線公司發行，藝文書局 1948 年印刷。

不僅如此，還有中西兩用時式外衣，也是在冬天裏穿著的：「這件外衣的用途很廣泛，無論著在旗袍上，或西褲上，可說是中西咸宜，它的式樣是仿西式的，所以設計方面，出出保持了美的特態，和姿式的角度，全衣用蘋果綠作底，大反領上繡上了白色的菊花，分外顯出嬌豔欲滴的美姿，胸前用疊門緊扣腰圍的曲線，而向下擺展開，更能露出極自然的線條，成功了全衣的特點，適宜於妙齡少女最時新的裝飾」。〔註35〕

另外，還有披肩式超特外衣、仿時裝式鑲皮短大衣、「草上霜」絨線秋裝大衣、黃狼鑲灰鼠冬裝、賽銀鼠隔色貴婦秋裝、龍鱗型時裝式絨線外衣、灰鼠鑲絨線大衣、在絨線編織的花紋方面，同樣非常豐富，有動物類的，如：米老鼠、唐老鴨、麒麟、貓、神仙魚、小鹿、喜鵲、金魚圖案、飛馬、鴨形、花斑鹿、狼狗、水鴨、小兔、鴛鴦、乳燕呢喃、鴻雁南飛、麻雀吱吱叫、賽馬、魚鱗甲、蝙蝠等；其他有花草、用品、運動等類別的，如：百結花邊、牽牛花邊、桃花千里紅、水仙花、春梅、鳳梨、楓葉、茶花、雪花、宮扇花、英文字母、格子花、帆船、風景、球拍、游泳、滑雪、鐵錨、風車、番女髻、雪車等，凡是生活裏可以看見的物品都成為絨線編織的對象。

除此之外，各種介紹絨線編織的小冊子也陸續出版，如《秋萍》、《大家來編織》等，黃炎培還為《培英毛絨線編織法》題寫書名，這些都反映了絨線編織在當時社會的強烈影響。

三、服裝與語言

關於服裝的語言，人們有非常豐富的創造。行業有行業的稱謂，各地有各地的說法，因此服裝的叫法乃至與服裝相關的稱呼也都不盡相同。

1934年《奉天通志》裏，就有各種各樣的有關服裝的俗語：如「穿青衣，抱烏柱。（謂食其食者須忠其事。）」「腳正不怕鞋歪。（此求己之說也。與『心正不怕影斜』同一意義。）」「減衣增福，減食增壽。（晏子一狐裘上十年，浣衣濯冠以朝；何曾日食萬淺，尤以為無下箸處。）」〔註36〕

在成都地區，有關衣飾類的切口更是五花八門，如：

巾化：頂天、頂元、頂公

綢巾：拍首

〔註35〕　《秋萍》1949年第2期第4頁，良友絨線公司發行，藝文書局1948年印刷。
〔註36〕　《中國地方志民俗資料彙編·東北卷》第42頁，書目文獻出版社1989年版。

衣服：皮子（好衣服曰皮子堅潔）、海青、長皮、彩林、皮林

布服：硬皮、稀皮子

綢緞衣：軟皮、玻瑞、皮子

布衫：決林

褲：叉老、雙老、叉兒

裙：閣千、八幅

鞋：立地、踢尖、踢土

襪：登桶、筆管、踢管、籤筒

靴：登老

綢絹：板細公

布：稀公、細梭

綾緞：撒帳

錦綢：細紙

絲綿：領毛

帶：孤葉、條子

袱包：贈貼

被：滾服、籤林、文滾、戰幹

帳：網兒、慢天、撐老

孝服：頂雪皮子、風雨飄、西方皮子

孝巾：頂雪

方巾：側腦、頂側〔註 37〕

在上海，其有關服裝的語言也是不勝枚舉：吃官司：當質衣服謂之吃官司。

桃園：衣衫襤褸。貼血：短衫，也叫霍血。汏：洗衣。嶄：羨人之衣服麗都當行出色者。〔註 38〕「出鋒頭：『羨人之驟然發達者曰出鋒頭』」。〔註 39〕到了 30 年代，出鋒頭，其意義發生改變，變成帶毛領的大衣或者衣服。

在幫會裏，有關服裝的切口也很多。由於保密的需要，很多語言為了不讓外界知道，就故意設定了相關的文字，這樣就造成用其他文字來替代原本大家共知的衣飾意義。例如：

〔註 37〕傅崇矩編《成都通覽》第 61 頁，巴蜀書社 1987 年版。
〔註 38〕陳伯熙《上海軼事大觀》五《語言》，上海書店出版社 2000 年版。
〔註 39〕陳伯熙《上海軼事大觀》五《語言》第 80 頁，上海書店出版社 2000 年版。

短衫：靠身子，靠衫兒

坎肩：穿心子

馬褂子：四腳子，四不相

褲子：登空

長袍子：大蓬子，長葉子

皮袍子：蓑衣子

帽子：頂殼，萬笠

鞋子：踹殼，踢土

襪子：臭筒

包袱：打肯子

布：板頭子，白疋子

絲綢：軟片子，滑溜疋子

衣服總稱：葉子

草鞋：鐵板

針：叉子

線：描子

腰帶：玉條子

明朝服：袈裟

靴：鐵板，高腳踏科

套褲：菱角，半截登空

腿帶：纏絲 〔註40〕

　　這種特殊表達服裝的語言，雖然是一種個別組織使用的語言，多少表現了神秘的色彩，但是它顯示的是中國服裝文化多彩的表達方式與歷史內涵。

　　在服裝行業內，也有通行的一種切口。這種切口是便於內部人員進行交流的工具，爲了防止關鍵性的技術外泄。

　　有人專門編撰了《切口大辭典》〔註41〕，並且進行分類，如「工匠類．織機匠」：

　　查線通：織機匠也。

〔註40〕李子峰《海底》第 246～247 頁，上海文藝出版社 1990 年版。

〔註41〕吳漢癡主編，原名爲《全國各界切口大詞典》，上海東陸圖書公司 1924 年初版，上海文藝出版社 1989 年影印出版。

快龍：梭也。

大敲棚：織機也。

經頭：直線也。

紆頭：線織之絲也。

牛頭：坐身之處也。

扣子：機也。

了機：織完也。

起機：開始織也。

在「工匠類‧染布匠」裏的切口：

查青邱：染工之統稱也。

場頭：專染絲綢之工人也。

搭藥：印花布之工人也。

大行邱：專染大布之工人也。

小行邱：專染小布之工人也。

洋色邱：專染洋顏料之工人也。

地龍：染布地竈也。

瘦馬：理布凳子也。

長簫：絞布杆也。

酸口紅：浸布缸也。

香頭：香糟也。

白鹽：石灰也。

三點頭：水也。

二點頭：火也。

炕料：熨染缸之榾柮也。

在「工匠類‧做帽匠」，則另外有切口。

水線通：做帽之工人也。

裂帛：剪刀也。

烙鐵：熨斗也。

搭連：糨糊也。

楦頭：帽塊也。

穿問子：針也。

細條：線也。

刮刀：搭糨之刀也。

放頭：紙模也。

紅襯：帽子裏布也。

托風：藤裏子也，用於紗帽。一呼藤飄。

天尖：帽的珠也。

在「工匠類・外國成衣匠」裏，另有不同的切口。

紅幫：外國成衣匠。

男紅手：專做男人衣服也。

女紅手：專做女人衣服也。

龍頭：縫紉機也。

套殼：衣服未成先試長短也。

繞線：線也。

月精：洋針也。

拖流：糨糊也。

空裝：衣架也。

雪鉗：剪刀也。

偷空：挖花也。

在「手藝類・做襪子」一欄內，切口則分爲。

龍身：襪船也。

蝴蝶頭：襪跟布也。

躺腳：襪底也。

龍骨：襪梁也。

壘珠：穿縫襪底也。

雙連：夾襪也。

草連：單襪也。

千張：包腳布也。

廣連：漂白汗布製成之襪也。

本連：本色洋布製成之襪也。

在「手藝類・織補業」則也有自己通行的切口。

拔條：抽絲也。

大化：洞之大者。

小化：洞之小者。

繃圈：織補所用框子也。

引條：針也。

靈風：紗衣也。

件半：羊裘泡子也。

亮殼子：緞子衣服也。

軟殼子：綢紗衣服也。

西布：呢絨衣服也。

粗殼子：布衣服也。

在「手藝類‧洋機縫紉衣業」裏，切口則有新的內容。

遮風：門簾也。

蔽影：窗簾也。

床額：帳沿也。

床圍：床沿也。

圍襟：小孩所用衣之兜衣也。

托頭：枕頭也。

交背衣：椅套也。

牛頭：短褲子也。

單叉：褲子也。

扭胸：短衫也。

這裡，我們將吳漢癡《切口大辭典》裏不同類別的切口作了輯錄，從中可以反映 20 世紀 20 年代的切口狀況，雖然這些語言早已經遠離人們的日常生活，但其價值，遠非被我們所認識。切口是一種民間語言，其產生、流行、使用等都是非常值得研究的學問。

另外，切口流行的時間絕不是作者記錄的時間，或者可以這樣說記錄的時間肯定在其發生、流傳之後，因此其產生可能遠遠早於其被記錄的時間；同樣，語言的消失也不是立馬就會出現的，也同樣需要一個漸進的過程，因此將切口作為一種與服裝相關的文化現象，放在一起進行敘述，其原因就在於此。

附　圖

絨線背心

絨線背心

下裙上時裝

冬季大衣

兩個穿長旗袍的女人

最新流行時裝

夏季披肩

購買糧食的市民

徐家匯攤販

喜喜皮鞋底廣告

雙福老牌膠鞋套鞋廣告

老九和綢緞局廣告

皮貨店

影　星

蝴 蝶

穿長旗袍的阮玲玉

三排扣的高領頭

封面女郎

連身裙

騎自行車運動員　　　　　　打羽毛球運動員

戴禮帽的男子

戴花的女子

四女子

女韻猶存

男女樂隊

下　篇

傳統、平實向時髦的轉型時期
——二三十年代的上海服飾文化

　　20 世紀的頭十年，是中國社會劇烈展蕩的時期，上海同樣受到這種時代的影響，因而在服飾文化方面亦表現出大跨度的變化，傳統服裝與新潮服裝共存現象尤為明顯，表現新舊文化交替時期的文化特徵。

　　此外，由於上海自 1842 年開埠以來，受到西方文明的影響，服飾文化方面就明顯帶有外來文化的痕迹。這種服裝的出現，一方面是表示對傳統的卑視和斷裂，另一方面亦是人們追求新事物的內在衝動的表現。由此可見，上海服飾這時就已有了時尚文化的萌芽，表現出大膽吸引外來文化的勇氣和信心。

一、時尚服裝的展示

　　到了 20 年代，上海服裝有了較大的變化，是傳統到現代的重要轉型時期，已從單純的模仿、引進西洋服裝，開始轉變成為探索具有上海特點的服裝樣式。在此之前，有人僅僅知道用外國眼裝來表示現代文明，但卻不知道外國服裝的基本知識，因而鬧出笑話的不在少數。有一位留學日本回國的學生衣著，頗有一定代表性：這個陸鏡如，卻有些怪狀，雖然穿了一身西裝·卻戴了一頂土耳其帽子，那帽子是深紅色的，有一縷黑纓，垂在右邊。上海這個地方，雖然華洋雜處，各國的人都有·除了印度人頭包有紅布之外，像戴這樣帽子的人很少，所以走進《申報》館來，大家不免忍俊不禁，他卻顯得神氣十足，不以為怪。他的年紀不過二十二三歲，到底是世家子弟，又是文科大學生，溫文英俊兼而有之。」〔註1〕。

〔註 1〕 李伯元《文明小史》。

　　20 年代，這種服飾俗配不當的現象，已經很少見了。人們開始冷靜的思考，一方面尋找傳統眼裝的不足，另一方面借鑒西洋服裝的審美觀念和縫製手法，試圖製作出一種新服裝，進而取代傳統外來的服裝。爲此，人們開展了關於衣服改良的討論：（女子）舊式服式，素取寬博，近年效法西洋，盡改短窄，短衣窄袖，雖也有便利的地方，但於衛生美觀方面，大有缺點。所以服式總求大小長短合度，不害健康，能表達出『女性的美才好』。」關於「女子服裝的改良」的討論，《婦女雜誌》自第 7 期開始，有七篇文章參加討論，各自觀點不盡相同，但都表達了同一個思想，那就是：①不能一味地模仿外國的服飾；②在中國傳統服裝基礎上進行改良；③要中西合璧。

　　20 世紀初，上海人眼隨時代，開展了一場剪辮易服的運動，他們崇尚西式服裝，在正式場合中，男子所穿禮服有兩種，多爲西服：一是大禮服，即西式禮服。一是常禮服。此禮服又分爲兩種：一爲西式的，與大禮服相似，不同的是要戴較低的有簷圓頂帽；一爲傳統的長袍馬褂。在日日常生活中，有一部分人完全西式打扮，有一部分人是中西合璧式的打扮，還有一部分人仍是中式打份。此外，這時男式服裝的顏色、面料都有了新的變化，而且開始講究服裝的搭配。在這三者中間，第一部分人佔據很大比例，成爲西裝禮服的倡導者，他們的西裝時時顯露在鬧市中心，成爲人們注目的對象。

　　西裝在上海人中間流行，據說還有一個經濟原因在起作用。

　　李伯元《文明小史》　第十六回中描寫了一位整天西服革履的上海小青年，外表瀟灑倜儻，頗有風度，而內裏卻是窮得丁當響的「洋裝癟三」：

> 黃國民道：「還是你們洋裝好，我明天也要學你改裝了。」洋裝朋友道：「改了裝沒有別樣的好處，一來裁縫可以省得不少，二來無冬無夏只此一身，也免得到了時候，愁著沒有衣服穿。」黃國民道：「夷場上朋友，海虎絨馬褂可以穿三季，怎麼你這件外國衣裳倒可以穿四季呢？」洋裝朋友道：「不瞞你說，你說我爲什麼改的西裝？只因中國衣裳實在穿不起，就是一身繭綢的，也得十幾塊錢。一年到頭，皮的，棉的，單的，夾的，要換上好幾套，就得百十塊錢。如今只此一套，自頂至踵，通算不過十幾塊，非但可以一年穿到頭，而且剝下來這到當鋪去，當鋪裏也不要。這一年工夫，你想替我省下多少錢？

在這裡，作家把穿西裝的窮漢心理表現得十分淋漓。同同時也的確將上海人

喜歡穿著西裝的另一種原因表露無遺。上海是一高速發展的經濟社會，服裝往往成為人的身份象徵，而西裝則可以裝點門面，掩飾囊中之羞澀，這又成為上海普通百姓之所以追逐潮流的一個較為深層次的原因。

有錢人則要求西裝的製作：胸要挺，腰要吸，臀部要飽滿，袖口要圓順，穿在身上每一部位都要與身體距離相等，稱之為尺寸的唯一性，同時，他們還講究西裝的派別，如英國派、德國派、法國派等，屬於上流社會的服裝樣式。

西裝最早在上海出現的時候，並沒有受到歡迎，相反的還會遭到歧視，帶來不必要的麻煩。

20 世紀初，上海戲園裏有個規矩，邊飲茶邊看戲。凡是妓女和洋人來看戲一律用綠茶碗，以示區別，而普通百姓則用白茶碗。而用綠茶碗的，就表示戲票加倍。這是因為陪妓女、洋人來看戲的大多為買辦，這些買辦西裝革履，招搖過市，遭到人們的嫉惡。這種特殊的戲園規矩，亦給中國留學生帶來許多麻煩。他們從國外到上海，往往當夜就要去看戲。由於他們同樣是西裝在身，一旦他們進戲院坐定，進上的也是綠茶碗，結帳時，自然免不了一番理論。老闆會說：「戲園規定洋人加倍。」留學生不買帳：「我是洋人嗎？」於是老闆改口道：「我們也無暇來細查誰是哪一國人？總之，你穿了洋裝，我們就當你洋人算帳。」這種爭執，經常發生。戲園老闆也覺得不是好辦法，本來是抵製買辦的，現在牽連到本國留學生，想取消這一規定，但又不情願。後來有一家戲園，想了個辦法，把「洋人加倍」改為「洋裝加倍」，這樣爭執少了，不過，留學生也學乖了。他們每當去看戲時，就換下西接，借來一件長衫穿上，這樣可以免得戲票加倍了。當然，隨著西裝的普及，戲園的這一規矩也就自動取消了。

在女子服裝方面，人們首先發現傳統服裝的不合理，它沒有體現出女子的身段和體形，抹殺了女人的個性和特點。《婦女雜誌》第 7 卷第 9 號發表了一篇《女子服裝的改良》，其文說：「我國女子的衣服，向來是重直線的形體，不像西洋女子的衣服，是重曲體形的。所以我國的衣服，折疊時很整齊，一到穿在身上，大的前推後蕩，不能保持溫度，小的束縛太緊，阻礙血液流行，都不合於衛生原理。現在要研究改良的法子，須從上述諸點上著想，因此就得三個要項：（A）注意曲線形，不必求折疊時便利。（B）不要太寬大，恐怕不能保持溫度。（C）不要太緊小，恐阻血液的流行和身體的發育。為此：人

們根據現代審美觀點，結合中西服裝的各自特點，企圖改造傳統服裝，並設計出新型的服裝，但由於這種服裝是專家的個人設計，未能引起廣大民眾的注意，更沒有推廣開來，成為一種失敗的嘗試，其原因在於太注重傳統而缺少現代意識所致。

而中西合璧的典範無疑當數旗袍。旗袍原本是滿族人的服裝，後來演變成為代表中國女性的服裝，在這中同，上海人對其進行改造、變革是功不可沒的。

首先穿著旗袍的是上海的女學生，大約在 20 年代中葉，她們穿的族袍，下擺在踝關節之上，袍身較為寬大。到了 1927 年，趕時髦的女性紛紛仿傚，穿著旗袍，成為一種時尚。因為受西方短裙的影響，旗袍擺線提高到膝下，袖口趨小，以後袖口又裝上仿西式的克夫，高領，袍身合體，顯得簡潔。

入時的女性，除穿著合身的旗袍外，加燙髮，穿長襪，配披風或毛線背心，更是當時流行的風尚。

旗袍製作的面料多以棉、絲、麻為主，毛料亦有，但不多。

旗袍吸收了中國民族服裝的精華，結合西洋服裝的特點而共同創造出來的。首先旗袍是建築在滿族婦女服裝基礎之上的。《人言》第 2 卷第 15 期《中國衣冠中滿服成份》一文說：「近日旗袍盛行，摩登女士，爭傚滿服，此猶趙武靈王之服胡服，出於自動，非被強迫而然者。」不過，此時的旗袍已不是原來意義上的滿族婦女的服裝，而經過了大膽的改革。原本的旗袍寬大，一統到底，而新型的旗袍則融入了西式風格，寬鬆的胸襟，徽緊的腰圍，其外形能貼體合身。襯托出女性曲線的自然美。緊扣的高領，雅致而莊重，下擺開叉，穿著行走時，叉角微微飄動，顯得輕鬆。此外，還創作出各種旗袍樣式，如開衩旗袍、荷葉袖旗袍、披肩旗袍等。

其次在式樣上，旗袍的變化也越來越多。《上海市場大觀》說：「盤桓起伏於女子膝部與足部之間的那根旗袍高度線，不但配成音樂上一條最美的旋律，並且說明了二十餘年來中國女子服裝顯著的變遷，跟了旗袍高度的起伏，袖高、邊飾、領頭、開衩都發生顯著的變化，而頭髮的式樣，面部的化妝，也隨了時代的巨輪變幻不息。」

旗袍的演變與當時的政治和時尚分不開的。1927 年，國民政府在南京成立，女子的旗袍跟了政治上變化而發生大變。上海女子想提高旗袍的高度，就利用蝴蝶褶的衣邊和袖邊來達此目的。1928 年，上海旗袍的高度適中，極

便行走，袖口還保持舊式襖時闊大的風度，袖口也有特殊的設計。1929 年，旗袍下擺上陞，幾到膝蓋，袖口也隨之縮小。當時西洋女子正盛行短裙，上海的旗袍很顯然受其影響，以後，旗袍下擺又提高了一寸，這主要是適應女學生的要求，這樣可以跑跳自如，但袖子卻完全仿照西式服裝，象徵著一種新的女性形象。

旗袍既可以作為禮服，又可以作為便服，四季皆宜，尤其夏天穿著更覺涼爽。旗袍不僅成為上海婦女喜歡穿著的新潮服裝，而且有了很高的知名度。

30 年代是上海女子服裝最為華美興盛的時期，旗袍作為流行女裝取代了上衣下裙最常見的時裝，其式樣變化多，領、袖、襟顯不同的外觀風格，質地做工考究。旗袍的外廓型做得十分合身，顯現出女性的曲線美。旗袍的擺線由高至低，以後又逐漸開高至膝。領頭也多有變化，從低到高，又從高到低；袖子也先崇短，後崇長，再由長變短，直至沒有。這時的旗袍的外觀和結構受到西方服飾的形響已越來越大，成為中國現代女裝的典型，是西方文明影響下中西合璧的產物。

松滬抗戰後，旗袍以簡便、實用為尚，面料也不大講究。40 年代後期，旗袍造型更講究人體曲線，暴露程度更大，擺線從小腿上部移至膝膝蓋處。

除了旗袍之外，上海到了 30 年代後期，婦女開始流行連衣裙，衣襟開衩有的在後面，有的在前面，也有在兩側。其式樣大都受西式服裝的影響一般為西式翻領，腰間緊縮，或加束腰帶，還有的連衣裙，上身為低胸式，亦是當時十分流行的款式。

上海婦女購衣上商店，但有時為了趕時髦，或者為了與眾不同，亦到縫製時裝的成衣鋪。據說，服裝的變化越快，成衣鋪的生意就越好。成衣鋪的招牌大都寫著「蘇廣」字樣，這是因為蘇廣地區的衣服樣式最為新潮。有時人們又按地方分為蘇幫、揚幫、寧幫、本幫等，各有各自喜好的主顧。成衣鋪一般規模較小，一個師傅，雇一二個夥計，再加上幾個學徒就行了。

由於上海女性服裝變幻快捷，帶動了服裝業發展，外國資本亦看重這一點，都紛紛來開辦裁縫店或成衣鋪，例如現今名為上海朋街女子服裝商店，原來就是一個猶太人開設的一小裁縫店，由於其女裝做工地道，樣式新穎，不少上層名流前來定制衣服，都得到了稱心如意的衣服。據說，一位英國領事的夫人來，請當時年僅二十餘歲的師傅為其選購衣料和選擇式樣。這位師傅根據領事夫人的要求，幫她設什了一套晚禮服，運用鑲嵌挖蕩等工藝，使

這件禮服顯得高貴華麗，掩飾了夫人體型肥胖的缺點。在社交場合裏，領事夫人穿著這件晚禮服，引來陣陣的讚美聲。

冬天，婦女爲了禦寒，往往外加一件斗篷，20 年代以後，開始模仿西洋婦女，改穿大衣，通後大衣軟式也日趨複雜，冬天穿呢絨大衣、皮大衣等，春天穿夾大衣、單大衣，夏天還有綢大衣。

皮大衣，又稱裘皮大衣，一般爲有錢人穿，其中品種有：貂皮、狐皮、鼠皮、兔皮、黃狼皮、猞猁皮、獺皮、犴皮等等。這些皮貨大部來自西北地區，以後逐漸外國皮貨開始輸入，如俄國的灰背、美國的紫貂、德國的兔皮等。貂皮是皮貨中的珍品，因其保吸性能強，且一件大衣要用六十餘隻貂皮製成，十分難得，故被視爲極其珍貴之物。狐皮則是上品，略遜貂皮，而輕柔則與貂相仿。狐皮又分成：營黃狐、白狐。前者毛鋒頗厚，色黃而亮，後者則毛色潔白，細軟而有光澤。其他還有紅狐、烏刀狐、隔山狐、西路狐、草狐，則品質較差。鼠皮亦是裘中上品。此服爲鼦鼠，出沒於黑龍江等地，毛絨豐厚，顏色呈青黑色，腹部色白，製成裘皮大衣，形成黑地白斑圖案。上海有錢人家的小姐、太太嫌白色斑紋不稱，製裘時，僅取背部，稱爲灰背，更顯得名貴。還有一種銀鼠，毛色潔白，皮可製裘。此鼠產於蒙古及西伯利亞一帶，色白而有光澤，毛絨甚密，大都用於衣服上的裝飾品。

這種裘皮服裝的出現，標誌著上海服裝大跨度的進步，說明上海冬季的服裝從臃腫肥大的棉製品中解脫出來，顯得華貴、體面，又不失保暖作用，因此很受青睞。爲此，這種裘皮服裝雖興盛於 30 年代，但其作爲一種時尚，一直延續至 40 年代末，50 年代偶有所聞，畢竟已屬罕見。

二、對時尚衣飾的抗爭

時尚是一種超前的文化現象，與一般人的思維定勢和傳統眼光有著很大的差距，正因爲這樣，時尚文化會遭到舊式文化的抵制和詛咒，特別是在新舊思想發生劇烈變革時期，尤爲如此。

20 年代，雖然已經進入民國時期好多年了，但是對新出現的時尚衣飾的反抗情緒依然十分濃厚。

在上海，女學生是時尚文化的大膽實踐者。她們敢於穿著新潮的衣服，敢於穿著高跟的鞋子，戴手飾，束胸部，穿小背心，此風一開，引起社會強烈的地反。

　　陸費逵在《中華教育》一文中說：「十餘年前，上海的女生界，精神很好，人人都有高尚人格的觀念，裝飾一點不講究，粗布衣服，很優雅，很大方。後來有個著名的校長，開了一家綢緞鋪，送許多優價券給學生。女子本來是好美虛榮的，看見校長這樣提倡，於是大家都做起華美的綢緞衣服來了；戴手飾的也漸漸多了，胸部束帶，穿小背心的風氣也傳開了。現在女學生，和十年前的女學生，比較起來恐怕精神上很有點不同：就是那時候的女學生，有一種要求人格的精神，現在的女學生，表面上拿獨立自主做口頭禪，精神上和沒有入學校的差不多，不過是有一塊女學生招牌的玩品就是了。」〔註2〕

　　這裡所說的上海女學生追求時髦服飾，僅僅源於一位校長的綢緞店鋪，可能有失偏頗。因為女學生超越傳統的裝飾打扮，不僅早已形成流行趨勢，而且成為其他行業女生的傚仿對象。

　　清末民初，上海女學生就喜歡用西方服飾裝扮自己，逐漸地形成一種不可抗拒的潮流，這些服裝隨後成為女孩子們爭相穿著的時髦服裝。漱六山房《九尾龜》第一百八回記載這樣一段情節，可作佐證：「正說著，只見一個十七八歲的女子走上樓來，穿著一身淡湖色洋紗衫褲，上身卻襯著一件楊妃色汗衫，梳著一條烏光漆黑的油鬆大辮，一雙天然腳，穿著一雙皮鞋，好像個女學生的打扮。倒生得眉清目秀，齒白唇紅，一張圓圓的臉兒不施脂粉，素淨非常。手裏頭拿著一個筍籃，籃裏頭裝著無數的鮮花，香風撲鼻，原料是賣花的蘇州阿七。」一個賣花的姑娘居然然穿著如同女學生，可見那時的女學生的穿著被認為是一種潮流，已為女孩子所認同。而紛紛加以仿傚。

　　當時，女學生的服裝特點為：衣較短，一股至腰節下部，裙子長及小腿中部，腳穿皮鞋，再加上花季之齡，顯得清純、樸素、大方。這種女學生的打扮及其服飾一直到 20 年代末，依然盛行街頭，成為一種服飾文化的景觀，當然，在此期間，這種服飾亦在不斷的變化的。

　　到了 20 年代，日本女式改良服裝在上海流行起來，上衣多為腰身窄小的大襟衫襖，下擺長不過臀，袖呈喇叭形，至肘下，衣擺多為弧形，或平直，或尖角，或六角，並略有紋飾，裙子為套穿式，起初多為黑色長裙，長及足踝，後又漸短至小腿上部，沒有褶襇，有時還繡上簡單的圖紋。

　　這種服裝是當時典型的女學生的打扮，由於它既有傳統恃色又有外來服飾的特點，因此尤為引人注目。

─────────────
〔註 2〕　《婦女雜誌》1922 年第 8 卷第 1 號。

　　如果說，民國初期的上海女學生的服裝開了時代之風氣，到了20年代，這種服飾裝扮更加開放，更加時髦，因而也引來了不少嘲諷和謾罵。有人說：「最痛恨的是，從前一班女學生講求一切裝飾，開社會的效尤，她們讀了幾年書，只做個裝飾家，給社會一個好模範。」〔註3〕有人說：「可憐有許多無恥的女學生裝扮得和娼妓一樣——或許更甚——供遊冶子——廣義的——批評或調笑，你想可憐不可憐？」〔註4〕更有人提出，女學生應該：（甲）要常著學校規定的衣服。（1）衣的材料務求樸實。（2）衣的構造務求簡便。（乙）要廢除一切附屬身體而很無關係的奢侈品。〔註5〕

　　這裡所有的論調，並非都指的是上海女學生，但其文章發表於上海的雜誌上，可見其有一定的針對性，而非無的放矢。

　　《婦女雜誌》第10卷第4號發表了一篇有關《女學生服裝問題》的文章，又對女學生的服裝進行了指責，不過其口氣似乎有所改變，選擇的角度也有了改變，主要談女學生服裝的衛生問題：「服裝問題，不止關係到美觀，並且聯帶的關係於衛生、精神等各方面。照現在中國的服裝而論，男子的和女子的同有改革的必要，不過我以為女子的服裝更甚，急宜討論；因為女子的服裝，較之男子的服裝，其不合理，不衛生更甚。女學生是女界的領袖，有作先鋒的義務，所以各種婦女問題，該當由女學生做起，而況這服裝問題裏有許多女學生式的女子的特產呢？」接著，文章又說：女學生的頭髮留得很長，常常去加些水，塗些油，或者流了一個 S 頭，前面再披了些前劉海，或則燙來彎彎曲曲。圓的頭頸，配一個方的領口。很要緊的呼吸器和將要發育的乳頭外面的胸口，卻束束縛緊緊的。袖子短而大，容易發散熱溫，並且不便於作事……總之，作者認為：這種女學生的裝扮，「不合於衛生、精神、經濟、時間、美觀的」。

　　這種指責，細分析起來，也不無道理，的確看到了當時上海女學生服裝存在的問題，批評也比較實在。文章還為女學生服裝作了進一步的改良：」領口的後面，一定要圓的；前面不必一定，尖的，圓的，方的，都可以。袖口在夏天短些，寒天的長到手腕。大小以可以鑲別一隻手，而不至於妨礙作事為度。腳圍不宜太緊，束腳的惡習天然宜除，衣的長短更宜研究。我意，

〔註3〕　《婦女雜誌》1922年第8卷第1號。
〔註4〕　《婦女雜誌》1922年第8卷第1號。
〔註5〕　《婦女雜誌》1922年第8卷第1號。

長須到膝，或依手長，這樣可以省出來裙的麻煩，又沒不穿裙子的不雅觀，而冬季的天氣，也可以保護腿的溫度。也不宜過長，否則又將不便於作事。襟可對襟（中間的直襟），絝要長，也不要太大，更以寒天爲甚。襪不一定用絲；鞋不要高跟，最好自己做的，因爲皮底的不如布底的好。」

對上海女學生服裝的非議，到了 20 年代末逐漸少了，因爲那時最時尙、最敏感的已不是女學生的服裝，取而代之的是，社會女性的打扮。這些女性依靠強有力的經濟來源，使自己的服裝具有超前性、時尙性，因而形成一種奢華的社會文化現象。

爲此，有個叫「宴始」的人專門寫了一篇文章《奢侈與女性》，追蹤了出現女性奢華的背後原因：「在女子依靠男於爲生活的時候，當然以求悅於男子爲生活的唯一方法。因爲男子都有好色愛美貌的心理，於是女子不能不靠浮華和裝飾來增加她的美，所以女性的奢侈，完全是男性玩視女性的結果，決不能歸咎於女性的。」〔註6〕

此說有一定的道理，但是並非所有的人都這麼想，他們的矛頭往往直指女性。有人公然撰文《婚姻的禁條》，其中談及男子婚娶的十條禁條裏，就有兩條是與女性穿著相關的：「（五）不可娶只知服飾的女子，因爲她必將使你破產」；「（七）不可娶故意作怪異裝飾的女子，因爲她不但將使你受辱，且將喪失你的愛情」。〔註7〕

還有人直接咒罵時髦女子是「妓女」，使對時髦服飾文化的非議到了極點：「上海許多裝束時髦的漂亮女子，同戲臺上的花且一樣，他們都是打扮好了給人看的，他們都是以供人娛樂爲職業的。有人說：『女子都是有形或無形的妓女。』這句話加在一般婦女身上，確實太過，惟有上海的時髦女子，確可以實受這個頭銜而無愧色。」〔註8〕

這種不斷地對時髦文化的攻擊，說明了那些人不正常的心理狀態，已經到達極至。他們只安於傳統，不得越雷池一步，視時髦文化爲禍水和災難，特別女子穿著時尙，打扮驚豔，更遭到衛道士的白眼。

更有甚者，到了 30 年代，還有人對時髦女子進行了人身的惡毒攻擊。據 1934 年 4 月 14 日《新生》周刊第 1 卷第 10 期載：「杭（州）市發見摩登破

〔註6〕　《婦女雜誌》1922 年第 8 卷第 7 號。
〔註7〕　《婦女雜誌》1922 年第 11 卷第 3 號。
〔註8〕　《新上海》第 2 期《上海閒話》。

壞鐵血團，以硝硝鏹水毀人摩登衣服，並發警告服用洋貨的摩登士女書』」。

當時，上海、北京等地亦發生了類似事情。魯迅在《花邊文學‧洋服的沒落》一文裏說過：「這洋服的遺迹，現在已只殘留在摩登男女的身上，恰如辮子小腳，不過偶然還見於頑固男女的身上一般。不料竟又來了一道促命符，硝鏹水從背後灑過來了。」

到了 1936 年，政府開始干涉民眾衣著打扮，這更將部分人的攻擊行爲提升到了行政干預的層面。這一年，上海市小學教職員聯合會，用書面的形式呈遞教育局，希望政府出面禁止女教員燙髮、塗脂、穿時絕衣服。〔註 9〕好在當時，上海並沒有實施這樣的禁令，客觀上保護了當時流行的新生活運動。但在外地，情形就大不一樣。當時的山東省主席韓復渠就數次下令，禁止女性燙髮、塗脂抹粉，穿時髦衣服，取得過一些效果。但是在上海，時髦文化依舊流行。無怪有人驚呼：「國內教育界，迄今未有何種明白的表示，原因大概是我國教育落後，待廁身其間的努力之處甚多，因之無暇顧及女教師的頭髮衣著」。〔註 10〕

其實，道理亦很簡單，當時新生活運動的主流，就是婦女，時髦女性更是婦女的先鋒形象，女教員不甘落後，自願加入時髦衣著的行列，也就是非常自然的事了。

〔註 9〕《婦女共鳴》第 5 卷第 9 期。
〔註 10〕《婦女共鳴》第 5 卷第 9 期。

附　圖

女性服裝

蘭閨靜語

姊姊……近來汝的衣服　怎麼這般考
　　究　那衣裳的式樣　及配上
　　那的花邊　又合時　又鮮艷
妹妹……你說我的衣裳　是再好沒有了
　　是向南京路先施公司買的
妹妹……你說我的衣裳先施考究麼　這部
　　要不是　恐怕把那芳心想破
　　也想不出呢
姊姊……說的話不差啊　怪不得我常
　　常聽到人家說先施公司　今
　　果然名不虛傳了
妹妹……聞說先施公司近來對於婦女
　　的粧飾品　格外考究不得了
　　那綢緞部　衣邊部　香品部
　　新到的貨品很多　都是上海
　　未曾見過的
姊姊……我想先施公司時時都爲着我
　　姊妹們打算　可算是我們的
　　知己了　以後我們買的東西
　　大家都要向着先施公司　這
　　樣不負先施公司的好意呢

華貴的兩襲衣

華貴式之兩襲衣：
用輕軟綢料、面罩
以彩色之閃光細珠、
(Beads) 或用繡花成
之，袖則將料開成
絲絲，如長裙式、
右圖之樣、可零加
短馬甲、或零翠以
上衣、可代表最新
式之裙、紐露招腰
之不美姿態、乃最
美麗醒帆之發明也、
華尺二尺幅之料、
約用九尺、兩幅裁
法、加製袖、如用
鑲式袖、零取較輕
軟之同色料、約二
尺五寸、

初夏旗袍

初夏旗袍──用箔灰印度綢成之放亦可印為旗彩照普通旗袍無甚差別僅領袖及下際緣以黑白坎線白綢大盤香花周緣大襟及袖口鈕則隱藏大然內襯如能照衣一色更有相得益彰之妙雅潔無麼新脆可愛箔灰印度綢彩用料（連鞋）計壹丈三尺白綢（坎線盤花用）計五尺元色綢（坎線用）約三尺半、

旗袍馬甲

袖子可長可短的外衣

圖即表明女子
之夏夜內衣面
窄以外炎之美
料之有一尺八
寸及三尺闊者
除袖能稍長外
且可做裙稍廣
而用襇
兩旁及中間之
襇處如原料不
敷可用同色之
他種較輕薄之
料代之取其易
於飄揚而有姿
勢美卻或原料
足用亦可前去
而代以較輕之
同色料

初夏盛裝

初夏新裝

用黃血牙色素軟緞做單衫裙則用輕軟白紗料三幅做欄下緣垂以大朵綢

花卻用羽衫之同樣料領口亦以輕軟白紗或花形須蓬鬆如鮮花披肩綴以

極輕薄之縐紗（Georgette crepe）最好稍有印花為宜需燙電髮再插以素色小

宮花美麗無匹

衫衫及成花料用黃血牙色綢約八尺計及領花料用白紗八尺披肩用料四

尺

印度袖裝

兩種新粧之發明──照圖上裝束宜取印度袖類之料或印有花紋或條格子等之料均佳背後之紬結宜用較軟性而能挺立之紬料（如塔夫綢）袖結宜較大等一爲尤宜色之選擇當以麗而不俗者爲佳如綠藍等色而帶有黑花者鹿色Faun Colour黃色而帶棕紅等色花者均宜

夏季內衣

夏天裙衣

圖係表明夏季美觀風雅裝束之一種而腰細者著之更覺輕盈可愛裙側加以佩帶極合姿勢美用淡色（黃綠藍等色）之輕軟料全套用料約華尺十三尺更於四周用黑色料一分闊坎線鈕亦用黑料包裹之甚覺賦媚上條指華尺二尺闊料而言坎線及包鈕用黑色料約華尺一尺半

襯衣

襯衣之大，小須視身之肥瘦以定多數女子曾於夏季倣穿西式衣則襯衣尤不可省美麗紗邊從背後直夸肩部則乳房不致束縛衞生尤為合宜圖係衣明較新之一種尚望新女界提倡之

輕薄女性袖子

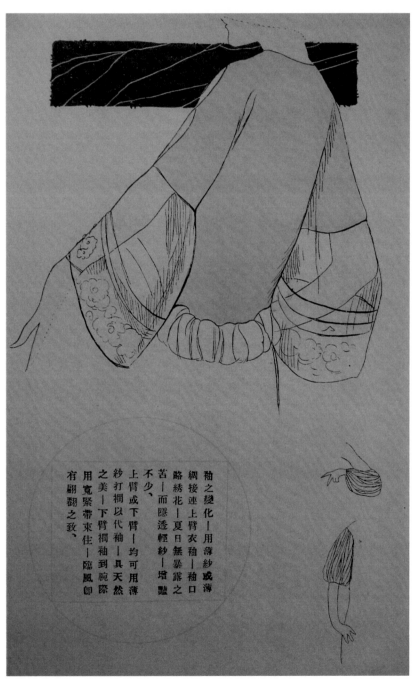

袖之變化—用薄紗或薄綢接連上臂衣袖—袖口略繡花—夏日無暴露之苦—而隱透輕紗—增豔不少、
上臂或下臂—均可用薄紗打褊以代袖—具天然之美—下臂褊袖到腕際用寬緊帶束住—臨風即宥翩翻之致、

跳舞新裝

跳舞新裝——掐花
卻及腰上身除內小
馬夾外、罩以白透
明紗料（Georgette
Crepe or Chiffon）等
為宜、款綢淡黃色
裙褶襇、下際垂以
小鈴、或用絲排鬚、
下腳鑲以茭色料、
或闊繡花邊、拍領
須與綢二色、栗際場
中、繫襇一蠶、美
乃無意、
裙用料三幅傲連拍
花領、計用二尺闊
淡黃色料約八尺、
透明紗料連腰拍花
計用二尺八寸闊料
約四尺半、

民國時期的山東服裝文化

　　民國時期，山東地區的生活習慣依然保持著傳統與其性格特徵，其服裝也跟隨著人們思想、物質等因素的變化而發生變化，形成了具有鮮明地方特色的文化色彩。

　　在山東，居住著勤勞善良的人們。他們在這塊土地上，辛勤耕耘，形成特有的性格特徵和生活方式。《史記·貨殖列傳》說，魯國「宜五穀桑麻六畜，地小人眾，數被水旱之災，民好蓄藏」。還說魯人「儉嗇」，「魯人俗儉嗇」。所謂「儉嗇」，是指生活的儉樸，和在此生活狀況下的形成的非常注意節約的性格。

　　正是在這樣的情況下，人們的穿著文化與此直接相關。自古以來，老百姓流傳這樣的諺語：「人是飯里長大的，不看吃的看穿的」、「一天不死要穿衣，兩天不死要穿衣」、「要飽還是家常飯，要暖還是粗布衣」、「越飽越帶乾糧，越暖越帶衣裳」、「老婆嫁漢，穿衣吃飯」〔註1〕等等，這說明服裝與人們的生活息息相關。

　　孔子時代，在穿著方面，是不太講究的，特別是普通民眾。關於這一點，在《論語·子罕》就有記載：「衣敝縕袍，與衣狐貉者立，而不恥者，其由也與？」穿著破舊的衣服，而與穿狐貉之裘的人站在一起，形成了鮮明的對比，也並不感到難堪，這代表的是一種儒家的文化，而不是全部山東人的服裝文化觀念。

　　隨著歷史的傳承，和對傳統的崇拜，塑造出各種各樣的山東人的服裝文

〔註1〕　馬東泉《魯諺》第 122、140、143、157、44 頁，山東省立民眾教育館 1932 年版。

化。到了民國時期，山東人的服裝雖然依然保持著傳統，但是也有了與過去不同的變化。1936 年《臨邑縣志》：「人人有羞惡，故人人有蔽體之具。地方產棉家常用大布。大布者，種棉也。一為國貨，一為價廉，當暑無絺綌，禦寒少襲裘，用大布作單綿衣。業農無操衣、職服，故不識呢絨等件。另有一種草本色黃者，日衰，價值與笠差等，古人謂之荷衰、荷笠。」〔註2〕在這裡，不僅有傳統的農民的斗笠，而且也有了呢絨；不僅有了洋布，而且也有了國貨。不管怎樣，人們從僅僅知道衣服是「蔽體之具」，而今知道各種各樣的面料「絺綌」、「襲裘」等，這種變化，與社會的進步與發展是緊密地聯繫在一起的。

一、延續傳統文化

民國時期，山東絕大多數的地方，人們還保持著傳統的穿著方式，並穿著棉織品的衣服。

從這些傳統的山東服裝文化裏，可以看到以下特徵：

1、主要衣服的製作以棉布為主

棉布從元代以後，一直是中國人製作衣服的傳統面料，山東也同樣這樣，在民國時期，這種狀況依然沒有改變，人們穿著的都是棉布製作的衣服。

沾化縣「崇尚儉樸，人民多自織棉布，以作衣服，並無奢華裝飾。」〔註3〕

鄒縣「男女服飾崇尚儉樸，多以粗布為衣。」〔註4〕

汶上縣「民俗純樸，以著布衣為最多。」〔註5〕

廣饒縣「民眾素尚儉樸，就大多數言，平時所著衣服多用棉布為料，遇有應酬，亦不過較平時所服較為潔淨而已。」〔註6〕

《齊東縣志》「衣料以棉花為主，間有穿綢緞」〔註7〕

從這些文字記載來看，山東的服裝基本上都是用棉布為主要材料，所謂「粗布」、「棉布」，就是最基本的製作衣服的材料。

〔註 2〕 《中國地方志民俗資料彙編·華東卷》上第 128 頁，書目文獻出版社 1999 年版。以下凡是未注明出處的均來源於此書，只注頁碼，不再詳注。

〔註 3〕 《山東政俗視察記》上卷第 182 頁，非賣品，山東印刷局，1934 年 5 月初版，以下不再詳注。

〔註 4〕 《山東政俗視察記》上卷第 234 頁。

〔註 5〕 《山東政俗視察記》上卷第 260 頁。

〔註 6〕 《山東政俗視察記》下卷第 808～809 頁。

〔註 7〕 《中國地方志民俗資料彙編·華東卷》上第 190 頁。

2、崇尚儉樸

民國時期山東一般都非常儉樸，無論男女服裝都沒有奢華之感。高唐縣「人民習尚儉樸，衣服多用自織棉布爲之，色尚青藍。婦女則素習紡織，不尚修飾，其以綢緞爲衣，金銀爲飾者，甚屬罕見。」〔註8〕

男子穿著的大多數是長袍、短褂。根據30年代的民風調查，魚臺縣「衣長袍、短褂者居多。」〔註9〕不過，這種傳統到了這個時候也開始分化，有的地方的服裝分爲了新舊兩派，就是表明了這時候出現了新的服裝款式，人們不再滿足穿著傳統的服裝，而追求新的服裝來體現自我的價值。例如陽谷縣，「縣內服飾分新舊兩派，多衣服寬肥，冬黑夏白。舊派夏衫冬袍形式瘦小，色多深藍。」〔註10〕

過去服裝大多數都比較瘦小，這可以與節省布料有關，然而富裕人家卻不這麼節約，他們用布料就很大方，因此有了寬大的衣服，所謂「多衣服寬肥」，反映了新舊服裝的區別。在色彩方面，也注意了多夏陽光的強弱，而採用不同顏色的衣服面料。有錢人則採用「冬黑夏白」的衣服，而普通老百姓則是一律穿著深藍色的衣服，而不在乎冬天與夏天的區分。

這些一般男性而言是如此，對於婦女來說，也基本遵循這樣的穿著方式。

民國時期的山東婦女，其服飾也是傳承古樸的民風，穿著肥袖的上衣，頭上蓋著青色巾，戴著銀質或銅質的耳環，這就是山東婦女的基本打扮。

到了1934年，郯城縣依然「民風古樸，舊習未除」，男子多著粗布長衫，而「婦女則肥袖之短衣，其長約至膝部以上二三寸許，頭覆青色巾，兩耳墜以耳環，或銅質金質不等，此爲最普通之服飾。」〔註11〕堂邑縣「民眾素尚儉樸，衣料多用土布，無用外貨者。婦女以簪環爲飾，以銀或銅制之。」〔註12〕

這種儉樸的民間風俗，在山東很多地方都是這樣，也就決定了山東的裝束也必然是一種不尚浮華，講究實用的風氣。30年代，有文獻記載，當時的城武縣「風俗儉樸，不尚浮華，普通民眾皆以青藍布料爲衣。婦女率織袵治家，不事膏沐，竟有終身，不禦金玉者，大布之衣，大帛之冠，文公中興，

〔註8〕　《山東政俗視察記》下卷第482頁。
〔註9〕　《山東政俗視察記》上卷第302頁。
〔註10〕《山東政俗視察記》下卷第602頁。
〔註11〕《山東政俗視察記》上卷第320頁。
〔註12〕《山東政俗視察記》上卷第428頁。

節儉之風，猶未泯歟。」〔註13〕

　　鄆城縣「男子著土布短襖，或長褂，如著馬褂，則為禮服。女衣均以土布為之，多係左衽，身長及膝，頭戴銀簪，以壓髮髻，若剪髮。旗袍則絕無，而僅有矣。」〔註14〕

　　這些記載都說明了傳統文化在山東依然非常濃厚，其存在的根源就在於一種歷史的傳承，和人們對於服裝文化的觀念沒有發生根本性的變化，「文公中興，節儉之風，猶未泯歟」，則在本質上可以看到，服裝文化發生改變的社會基礎與經濟基礎未有根本性的變化，因此也就很難見到人們服裝的改變了。

　　這種傳統的不講究奢華的服裝觀念，還表現在對待兒童服裝的用料方面。

　　從歷史而言，中國人的傳統觀念認為，絲綢是給大人製作衣服的料子，而兒童是不能穿著綢緞衣服的，山東地方也同樣如此。1920 年《臨淄縣志》記載：「兒童不拘何色，類布而不綢。」〔註15〕

　　兒童不准穿綢緞衣服，符合中國人的傳統。山東民間有句諺語說，「若要富，穿粗布；若要穿，穿綢綾」〔註16〕。因為在中國人的觀念裏，孩子需要的賤養，不要吃好東西，也不要穿好衣服，只有在特定的時間裏（如過年、生日）才允許穿新衣服。而綢緞衣服一般都要給長輩穿的，在當時人們看來，綢緞是非常名貴的衣料，代表著一種身份，普通人特別是小孩子是不能穿著的。

　　其實，在山東一般的人也是穿不起絲綢衣服的。菏澤縣「人民多穿布衣服，服綢緞者甚少，婦女則以簪環為飾。」〔註17〕

　　陵縣「居民習尚樸素，無論男女皆以布為衣，間有用本省繭綢者。」〔註18〕在此記載裏，開始記錄了有些人開始使用本省的絲綢面料來製作衣服。這一方面說明了這裡的居民的生活水平較之其他地方有了很大的不同，或者說是比較富裕，另一方面也說明了絲綢衣服已經成為普通老百姓穿著的對象。

3、色彩以青藍黑為主

　　在山東，民國時期人們普遍穿著衣服的顏色是青藍灰，換言之，就是青

〔註13〕　《山東政俗視察記》上卷第 386 頁。
〔註14〕　《山東政俗視察記》上卷第 412 頁。
〔註15〕　《中國地方志民俗資料彙編·華東卷》上第 106 頁。
〔註16〕　馬東泉《魯諺》第 123 頁，山東省立民眾教育館 1932 年版。
〔註17〕　《山東政俗視察記》上卷第 362 頁。
〔註18〕　《山東政俗視察記》下卷第 556 頁。

藍灰色是他們服裝的主色調。肥城縣「民俗素樸，男子習服長衫馬褂，多用青藍灰等色，女子則穿短衣長褲，多用紅藍諸色。」〔註19〕

應該說，青藍灰的顏色，是中國人傳統的衣服顏色，這主要與人們的生活習慣有直接的關係。這些顏色，一是來源比較方便，通過植物汁的萃取，很容易得到，二是清洗保潔方便，三是可以穿著比較長的時間而不用清洗。這些種種好處，自然受到人們的歡迎。

關於這一點，可以引證以下材料來加以佐證：

在定陶縣，人們的「衣服多用草棉織造，冬日採用藍或黑色，夏採用白色，以適體為度。」〔註20〕

莘縣「人民多以青藍布為衣。少年婦女間有著豔色衣服者」〔註21〕。

莊平縣「民眾崇尚儉樸，男女衣服仍以青藍布為多。」〔註22〕

聊城縣「聊地人民服飾古樸，農人多以青藍布為服，平素多著短衣，如有應酬則著袍，衫其吉服，男多衣藍，女則多紅綠。」〔註23〕

武城縣「衣服用本地所織之粗布為原料者，十居其九。男子衣服分大褂、小褂、馬褂數種。褲子長及踝，均紮腿襪子，色青藍綠白數種。男子帶髮辮者，已不多見。女子尚有穿耳纏足者。」〔註24〕

這種青藍灰色，是山東服裝的主要色彩，好像看上去不太美，其實，人們很會利用其他飾品來打扮自己，特別是女性，在無法改變傳統服裝顏色的同時，她們用各種身體上的裝飾品來增加美麗的成分。如女性的耳環，男子的戒指，都是裝點服飾的一部分。

冠縣「服尚藍色，男女均喜帶戒指，富者以金質，此以銀質。」〔註25〕不過，一般而言，「婦女首飾用銀，用金者少。」〔註26〕

館陶縣「普通人民以青藍色粗布或洋布為衣料。鄉婦每以銀或銅之簪環為飾，時髦裝束甚少見。」〔註27〕

〔註19〕　《山東政俗視察記》上卷第 134 頁。
〔註20〕　《山東政俗視察記》上卷第 396 頁。
〔註21〕　《山東政俗視察記》下卷第 458 頁。
〔註22〕　《山東政俗視察記》下卷第 442 頁。
〔註23〕　《山東政俗視察記》上卷第 420 頁。
〔註24〕　《山東政俗視察記》下卷第 506 頁。
〔註25〕　《山東政俗視察記》下卷第 466 頁。
〔註26〕　《續修廣饒縣志》，《中國地方志民俗資料彙編》華東卷上第 308 頁。
〔註27〕　《山東政俗視察記》下卷第 474 頁。

這些金銀飾品，使得整個服飾在一片青藍灰色中，增加一些其他色彩，從而把人的形象變得豐富多彩，更加華麗，也能夠改變色彩單一的情況。

二、體現時代特徵

1、城鄉差別

長期以來，城鄉就存在差別，其中服裝的差異，即使到了民國時期也依然如此。

這種城服裝鄉差別之一，就是城里人穿著長服為主，而農村裏的人則以穿著短衣為主；而服裝製作的衣料大多數為本地粗布。1931 年《濰縣志稿》記載，「城市居民以長服為多數，鄉鎮居民以短服為多數。婦女多服舊式衣裳，惟一般新式者穿長袍。長裙等，多係本地粗布。」〔註28〕

在傳統觀念裏，衣服是用來穿著的，而不是用來炫耀財富的工具，因此人們的衣服一般都崇尚素樸，沒有華麗與裝飾。無棣縣「民俗儉樸，男女均著布衣。」〔註29〕齊東縣「男女服飾崇尚儉樸，所用衣料多係棉織粗布，間有洋布者甚屬寥寥。」〔註30〕

洋佈在當時來說，也是很精貴的，不是一般普通老百姓都能夠穿著的，特別是從事農業勞動的人更不會穿著這樣的衣服，一方面是由於這種服裝面料的價格比較貴。另一方面這種衣服也不適合農田勞作，容易破損。

在洋布進入山東之後，大膽使用者一般都是縣城裏的比較富裕的居民，他們有經濟能力也有思想意識，因此他們會穿著這種外來的服裝面料，也正因為這種面料製作的衣服，就與傳統的地方上用粗布或者土布製作的衣服產生巨大的反差。到了1935年，在《續修廣饒縣志》裏，就記載了當時人們「衣飾尚樸素。禮服舊用綢繒，近則用毛呢，常服舊尚大布之衣，近則率用洋布，惟農民仍用土布。」〔註31〕

除此之外，縣城裏的老百姓也開始穿著絲織品，不過這種情況還是極為少數的。例如在淄川縣，「鄉民服裝習尚儉樸，大半用粗藍布製成。城市居民間有絲織品者。」〔註32〕

〔註28〕 《中國地方志民俗資料彙編・華東卷》上第 210 頁。
〔註29〕 《山東政俗視察記》上卷第 156 頁。
〔註30〕 《山東政俗視察記》上卷第 62 頁。
〔註31〕 《中國地方志民俗資料彙編・華東卷》上第 193 頁。
〔註32〕 《山東政俗視察記》上卷第 29～30 頁。

清平縣「普通居民多以本地土布或洋布作衣料，只求蔽體禦寒，不求美觀。間有用絲織品或洋布者，則出自殷實富戶。」〔註33〕450

城市裏的富裕者不僅有穿絲織品的衣服，而且還有了穿著洋布製作的衣褲，同樣，這種穿著者極少。1933 年《東明縣志》，「呢絨暨絲織品，僅限於官吏、地主，及資本家亦間有用者，狐裘亦然。」〔註34〕普通老百姓大多數穿著的是粗布衣服，很少穿著洋裝、洋襪。濱縣「習尙儉樸，多以粗布爲衣，服洋布及絲織品者絕少。」〔註35〕

而農村則更加傳統、素樸，穿著洋布、絲織品的更加少之又少。這是農村與城市的差別所造成的。因爲絲織品要比土布貴得多，再說絲織品不經摩擦，而土布不僅堅固，而且樣子更適合勞作，這種人們的生存狀態，也決定了農村裏穿著的衣服與城市裏穿著的衣服，是不盡相同的，或者也可以這樣說，其差別之所以很大，就在於他們的生活與勞動的狀態有很大區別。

2、時髦潮流

眾所周知，民國經過三十多年的發展，無論是經濟還是文化都有了前所未有的進步，在服裝發展上也同樣如此。到了 30 年代，山東的老百姓開始追逐時尙潮流，特別是青年人對時裝的熱情非常之高。

1935 年《萊陽縣志》記載，「今則男女常服與昔尙無大差異，惟襪多機織，鞋多無梁。男子洋服革履，紅毛衣，茄紫褲者或不多見。剪髮女子，衣及臍，袖齊肘，褲齊膝，蓋襪長過膝，高跟皮鞋，時風所尙，日益侈矣。」〔註36〕

當時對時髦衣服的概念是：男子的西裝革履，紅毛衣，茄紫褲；而女子則是剪髮，衣褲短小。由於穿高跟鞋的緣故，襪子要長過膝蓋。這種男女打扮是時髦的。這裡的「衣及臍」，不是露出肚臍，而是外面的衣服下擺與肚臍一般高低。爲什麼文章在此強調這一點呢？其原因就在於過去傳統的服裝，上衣都很長，有的下擺都會過膝，到了 30 年代，這種服裝有了很大的改革，上衣變短，袖子也變短，表現出現代婦女服裝的文化觀念，將婦女身體的曲線慢慢地凸顯出來。

這種追求時髦的服裝，在山東很多地方（特別是縣城裏）都有表現。在

〔註33〕　《山東政俗視察記》下卷第 450 頁。
〔註34〕　《中國地方志民俗資料彙編‧華東卷》上第 308 頁。
〔註35〕　《山東政俗視察記》上卷第 162 頁。
〔註36〕　《中國地方志民俗資料彙編‧華東卷》上第 308 頁。

平原縣，「鄉民多著藍色粗布衣褲，衣長袍者不多見。婦女平時亦服藍布衣裳，間有青年婦女以紅綠布爲衣，以簪環爲飾者。城市居民則較鄉間稍趨時髦。」〔註 37〕這裡反映的是，縣城裏的愛時髦的年輕人追逐時尚衣服的情景。在平陰縣，「鄉民大都以土布爲衣，婦女或用花色洋布，無他修飾。城市婦女間有服時裝者。」〔註 38〕

縣城裏的有錢居民爲了趕潮流，穿著起時髦的衣服，這在服裝史上具有相當大的文化意義。首先，時髦的衣服，是對傳統服裝的反動，它打破了中國服裝發展的軌迹，代表了服裝文化的發展方向。其次，穿著時髦服裝的大多數是年輕人，他們敢於挑戰傳統，沒有固守成規，帶動了服裝文化的發展。這些都是值得肯定的地方。

這種服裝文化的發展，必然會造成服裝文化的改變，即使是窮困的地方，也不乏有追求時尚的女性。她們構成追逐新的服裝款式的最大人群。榮成縣「縣境地脊民貧，崇尚節儉，衣料皆以布爲之。貧苦之男子多服短衣，中上之家則著長袍馬褂。婦女多著短衣，間有著旗袍者，而以耳環手鐲等位飾物。」〔註 39〕

榮成縣的婦女穿著旗袍，顯然屬於非常時髦的風尚。

應該說，在服裝變革中，婦女是一個極力的主張者與實踐者。同樣，在民國時期的山東地方依然如此。

《德平縣續志》記載了這個縣 1936 年的服裝情形：「衣料以棉布爲主，率由婦女自行紡織，呢絨、綢葛之類用者甚少。自洋紗、洋布傾銷以來，人民羨其細而價廉，紡織事業遂至衰微。服式，則普通人民多著短衣、布襪與瓜皮帽；紳商富厚之家則多著長袍馬褂，線襪與禮帽；婦女之衣長不及膝，禮服則多係以裙，穿旗袍者僅少數之新式女子而已。」〔註 40〕

到了 30 年代，穿著旗袍等新式婦女服裝的人，開始多了起來。在 30 年代，婦女服裝的打扮要超越男子的打扮，更代表一種新潮的文化。

山東地區的這種服裝變化，與中國服裝文化的變化是分不開的。30 年代是我國社會、文化發生巨大變化的時期。

〔註 37〕 《山東政俗視察記》下卷第 548 頁。

〔註 38〕 《山東政俗視察記》下卷第 594 頁。

〔註 39〕 《山東政俗視察記》下卷第 716 頁。

〔註 40〕 《中國地方志民俗資料彙編·華東卷》上第 118 頁。

　　爲什麼這樣說呢？這一方面是制度的變化。民國建立以來，社會發生了根本性的變化，已經遠離封建社會的晚清，由於制度的變革隨之而來的是人們思想觀念的變化，衣服也隨著發生變化，人們不再沉湎於過去的衣服文化裏，而希望有新的衣服來替代過去的服裝款式。另一方面服裝面料的變化，也推動了衣服的改變，特別是外國衣料的長驅直入，打垮了民族的手工業與作坊式的紡織業，迫使人們不僅從思想上接受外來的洋布，也十分自覺地穿著這些用外來布料製作的衣服，從而也改變了中國人傳統的服裝文化。

　　《東明縣志》1933年，「羊裘多自口外運來，土人自製亦多，溫而不絢，值較廉，士紳及鄉間老鄉多取爲禦寒上品。……民國雖有大禮服，常服之規定，費頗不貲，遇婚喪輒以便服代之。婦女衣飾較男子爲奢，青、紫、藍、絳爲青年所喜用。晉接、慶弔，力能備致，必易以新者。質料兼采土布、洋布，而洋布尤爲時尚，裘葛僅少數富人著用。……挽近服裝日趨時髦，大旗袍，高腰襪之類，學界區內轉相仿傚，視爲最摩登云。」〔註41〕

　　這一段的主要的意思，外國洋布進入山東之後，人們的服裝發生了變化，出現了「大旗袍，高腰襪之類」的裝束，引起人們的仿傚，其中學生與商業界尤爲流行。由此可見，那個時候學生的服裝是比較時髦的，在陽新縣「鄉民樸素，均以藍色粗布爲衣，惟城市青年男女著短褲、洋襪者。」〔註42〕從此段文字裏，可以知道，當時陽新縣城裏的青年人開始穿著洋襪，不過普通人都認爲，這是非常稀罕的事情。另外，商業界的人士也同樣如此。

　　有的地方，大多數依然穿著樸素，然而學商二界卻顯示出十分時尚的穿著風氣。如：新泰縣「男女衣服多用青藍色布爲之，形式古樸，間有趨時裝者，僅學商兩界，其餘並無多見。」〔註43〕德縣「鄉農服飾極爲儉樸，多以藍色粗布爲衣料。婦女亦只以簪環爲飾。城市商學各界亦大部分以細布爲衣服，綢緞呢絨者極少數。」〔註44〕

　　而在長清縣等地，「大都農民多以藍色粗布爲衣，絲織品及洋布者無多，遇有婚喪慶弔則多著常禮服，時髦裝束概不多見。」〔註45〕

　　青城縣，「鄉民多以藍色粗布爲衣，極爲儉樸。城市間有服洋布者，惟多

〔註41〕　《中國地方志民俗資料彙編・華東卷》上第 308 頁。
〔註42〕　《山東政俗視察記》上卷第 148 頁。
〔註43〕　《山東政俗視察記》上卷第 118 頁。
〔註44〕　《山東政俗視察記》下卷第 532 頁。
〔註45〕　《山東政俗視察記》上卷第 78 頁。

依舊式，服時裝者甚少。」〔註46〕

所謂「時髦裝束」，就是「時裝」，而時裝概念的提出，就已經知道在當時有了「時裝」的說法。

不過，這時候時髦的服裝一般都很少見，這是因為人們還沒有穿著時髦衣服的習慣，只有年輕人敢於衝破傳統，穿著與眾不同的衣服。

在有的地方，則將這種時髦說成是資產階級的追逐的對象。曹縣「普通男女服飾均趨重質樸，不尚奢華，不過少數資產階級與青年間有微逐時髦者。」〔註47〕

將時髦的服裝與階級劃上等號，顯然是庸俗社會學的觀點，其實追求新的服裝，是新生活的表現，所謂時髦的服裝，資產階級可以穿，而普通老百姓也可以穿，只不過經濟條件還沒有達到這樣的程度，經濟條件還不許可穿著價格昂貴的衣服，一旦經濟實力允許的話，廣大的民眾同樣希望能夠有時髦的衣服與奢華的生活。

當然，在民國時期，在很多地方，即使在縣城裏，只是少數人穿著洋布衣服。例如：利津縣「鄉民服裝仍用舊式便衣，以粗布為之，用洋布及絲織品者極少。」〔註48〕曲阜縣「鄉民素尚儉樸，以粗布為衣，服洋布及絲織品者甚少。」〔註49〕這些材料都說明，追逐洋布這樣時髦的服裝，畢竟是少數人的事情，這是受到社會、經濟等方面的限制的結果。

3、豐富多彩

1934年的《臨清縣志》記載，「服裝一項，除政府製定外，其便服則形形色色，變化從心。所尚式樣，大率視平津為轉移，其間稍有區別者，鄉民多用洋布，城市多用絲麻。時髦少年，則制服之外另置洋裝，多毛織品。從前大布之衣，求之編氓亦屬僅見，不獨臨俗尚奢，亦由粗布之成本過昂也。至於婦女妝飾，鄉間故族尚御釵環，衣裳仍用彩色；若剪髮女子，則禿其袖，革其履，鬢影衣香，另具風範矣。」

在這段文字裏，可以知道30年代山東的衣服款式越來越多，用「形形色色」來表示，一點都不為過，就在於形容衣服樣子是非常多的，這與過去相

〔註46〕 《山東政俗視察記》上卷第 204 頁。
〔註47〕 《山東政俗視察記》下卷第 370 頁。
〔註48〕 《山東政俗視察記》上卷第 168 頁。
〔註49〕 《山東政俗視察記》上卷第 220 頁。

比，其結論就是如此。這裡不僅款式多樣，而且布料也明顯增加，除了土布之外，還有了洋布、絲麻、毛織品等；衣服的色彩也十分豐富，特別是女子更是走在時尚的前沿。她們「剪髮」、「禿其袖」、「革其履」、「鬢影衣香」，完全一副摩登女郎的形象，毫不遜色於當時大上海街頭的時髦女子。

不過，臨清的服裝並不是模仿的是上海，而是北京與天津。從地理位置而言，京津與臨清更近，因此臨清服裝向京津看齊，也是很理所當然的事情。或者可以這樣說，北京、天津流行的衣服，在臨清立馬能夠流行起來，因爲他們把北京、天津的服裝作爲自己的楷模，在他們看來那裡流行的衣服，就是最新的衣服，也是最時髦的衣服。

在30年代，社會上呈現出各種各樣的衣服與帽子。《東平縣志》1936年記載：「富紳及士商多著長服，農夫率著短衣，各機關、學校亦多著短衣，但衣式、衣料與民眾迥殊，名曰中山裝，曰制服。至夏日草帽，則大致相同。冬日有布帽、緞帽、呢帽、氈帽之分。其襪履責多數自製，取其耐久。商店出售之洋襪及各式新履，少數士商與青年學子率用之，農家鮮購用者。」〔註50〕

在一些地方，衣服是新式的，鞋子同樣非常講究。如在蒲臺縣，「衣服多用粗布或洋布，鞋帽多用新式。」〔註51〕民間諺語「新鞋舊襪，不如赤腳」，〔註52〕說的也是講究穿鞋的道理，如果新鞋與舊襪搭配，就穿不出真正「新」的感覺。諺語還說：「欲穿可腳鞋，等待媳婦來。」〔註53〕這裡說的是，一般傳統，鞋子往往是媳婦做的，而媳婦對自己老公的腳底大小知根知底，做起來不太會有誤差，這樣的鞋子穿起來格外地舒服，因此才會有這樣諺語出現。

（1）制　服

制服的設計，是現代社會的需要，反映的是社會分工的差別。在山東，民國時期，學生有學生的制服，商人有商人的制服，管理人員有管理人員的制服，這些都反映了行業的進步，以及對行業分工不同而在服裝識別上的需求。

1931年《增修膠志》記載，「民國以來，改定服制，尚未通行。」〔註54〕由此可以知道，中國人現代服裝的改變，是從民國開始的，只不過雖然服裝

〔註50〕　《中國地方志民俗資料彙編・華東卷》上第284頁。
〔註51〕　《山東政俗視察記》上卷第188頁。
〔註52〕　馬東泉《魯諺》第91頁，山東省立民眾教育館1932年版。
〔註53〕　馬東泉《魯諺》第157頁，山東省立民眾教育館1932年版。
〔註54〕　《中國地方志民俗資料彙編・華東卷》上第259頁。

制度改變了，但是要一下子改變傳統的中國人著裝習慣也不是輕而易舉的事情，需要有長期的過程。

到了 30 年代，這種制服開始普遍流行，最早起源於軍界、政界、學界，而農商則是便服穿著，而且大多數以布爲衣料。

濟寧縣，「軍政學各界均服制服，農商兩界均服便裝，大率以布爲衣料，頗爲儉樸。」〔註55〕臨沂縣，「至於政學各界向日必著大褂、長袍，現在一律著制服，工商各界衣服形式雖有不同，而布製居多，總不出儉樸範圍。」〔註56〕

這些材料說明了，過去政學各界還沒有穿制服的習慣，只是到了二三十年代，開始向軍隊學習，有了制服，於是「政學各界均服制服」便成爲一種趨勢，不過，雖然這些都是制服，多數是布料製作，比較樸素。

對於普通老百姓來說，除了制服以外，人們依然根據自己的喜好來進行穿著，而沒有受到政學各界穿著制服的影響。在沂水縣，「除政學各界著用制服外，一般民眾服飾崇尙樸素，衣料以棉織品爲主，絲織品毛織物極少，色素尙藍。夏季則多用白色。男子上衣甚短，褲多紮腿。中等社會以上，始著長服，間有套馬褂者。女子上衣較長，可至膝蓋以上，著紮腿褲，喜用紅色腿帶。無老幼，均帶耳環，非有喜慶不著長裙。」〔註57〕

這樣就形成了豐富多彩的社會生活畫面，也爲服裝文化的發展增加了很多的要素與活力。

（2）商界服裝

商人是一特定的行業人群，爲了方便與人聯繫，需要有比較鮮明的標誌，而服裝則是表示身份的最直接的符號。

在即墨等縣，商界人物大多數都穿長袍馬褂。在即墨縣，「商學各界則服長袍馬褂，質料用細布或絲織品，則因貧富而異。」〔註58〕在高密縣，「政學各界著制服，工商業著長袍馬褂」。〔註59〕

臨邑縣「城市商民多著長袍馬褂」〔註60〕。

由此可見，商界穿著長袍馬褂，已經成爲一種身份標識。

〔註55〕《山東政俗視察記》上卷第 276 頁。
〔註56〕《山東政俗視察記》上卷第 310 頁。
〔註57〕《山東政俗視察記》上卷第 353 頁。
〔註58〕《山東政俗視察記》下卷第 784 頁。
〔註59〕《山東政俗視察記》下卷第 774 頁。
〔註60〕《山東政俗視察記》下卷第 564 頁。

　　而在另外一些縣城裏商界人物穿的是便服。如牟平縣，「居民服飾尚儉樸，少以棉布為衣。軍政學各界均繫制服，農工商仍係便服。」〔註61〕

　　這種情況，也不是特例，畢竟它是存在的，反映的是每個地方都會有經濟狀況的不一樣，造成了服裝上形式的不同。

（3）學生服裝

　　學生是服裝潮流的創造者與實踐者，他們往往會追逐時尚，敢於突破傳統，不怕別人說三道四，穿出與眾不同的風格。

　　在益都縣，當大多數「居民服裝多尚古樸，大都以粗布為衣」的時候，「惟富家及青年學生有趨尚時髦者。」〔註62〕

　　這種敢於領風尚之先的做法，只有學生才能做到，他們年輕、勇敢，是一個時代時尚的真正先行者。所謂先行者，這裡不是指的某個人，或者某個機構，是指一批人或者一個群體，他們在服裝變革中扮演了先鋒隊的角色，而青年學生就是敢於表現自己個性服裝的弄潮兒。

（4）兒童服裝

　　在民國初期，兒童服裝並無一定之規，大都以成人的標準來製作他們的衣服，而無對兒童製定的特殊規格與標準。

　　在 30 年代的社會調查裏，就發現在廣饒縣，「兒童衣飾則無定類，大約著紅綠者為多。」〔註63〕

　　這裡，談到了兒童服裝，就「無定類」。所謂「無定類」，是指沒有一定設計上的特殊性，或者可以這樣說，在那個時代，還沒有對兒童服裝的專門的設計與理念，更沒有將兒童服裝放在一個特殊的位置（如兒童對色彩的喜好，以及兒童體型的特徵等）來進行考量。

　　事實上，不僅在山東，即使在上海，兒童服裝也是 30 年代以後才被提到議事日程來的。

（5）婦女服裝

　　婦女是一愛美的人群，她們的喜好是與服裝聯繫在一起的。她們不會像男子那樣對於服裝的生存不那麼講究，而是強調衣服的顏色，以及與服裝搭配的其他裝飾，其中包括手鐲、耳環之類的金銀飾品，在此其中，大多數的

〔註61〕　《山東政俗視察記》下卷第 700 頁。
〔註62〕　《山東政俗視察記》下卷第 792 頁。
〔註63〕　《山東政俗視察記》下卷第 808～809 頁。

為銀製品。

臨邑縣「婦女首飾亦只銀製簪環而已，用金玉者罕見。」〔註64〕

廣饒縣「婦女出嫁，衣飾較為美觀，但亦布質多，而綢緞首飾均繫銀質，式樣古樸」〔註65〕，

鄄城縣「女界多著青藍色短衣，並以簪環為飾。」〔註66〕

即墨縣「婦女則服短衣或著長裙，而以簪環為飾。」〔註67〕

益都縣「婦女以簪環為飾品者，為最普通。」〔註68〕

清平縣「婦女飾物不過釵環而已。」〔註69〕

臨清縣「鄉間男女多以青藍土布為衣，商界學界則以細布馬褂者為普通。婦女多以簪環為飾。」〔註70〕

夏津縣「婦女多以簪環為飾。」〔註71〕

棲霞縣「居民習尚儉樸，男子除有特別應酬時，穿細布長袍馬褂，戴布或呢製小帽外，平時則服粗布短衣，女子亦皆短衣，無裙，或以簪環為飾。」〔註72〕

觀城縣「普通居民多以青藍色粗布為衣。婦女亦以簪環為飾。」〔註73〕

范縣「民眾多以青藍布為衣，夏令或有用白色者。婦女則以簪環為飾。」〔註74〕

值得一提的是，旗袍出現在山東的一些縣城，如在高密縣，雖然大多數婦女都穿的是傳統服裝，但是，「城市間有著新式旗袍者。」〔註75〕

這是一個重要的文化信息，說明30年代旗袍在山東已經流行，而且是新式的旗袍。

〔註64〕 《山東政俗視察記》下卷第564頁。
〔註65〕 《山東政俗視察記》下卷第809頁。
〔註66〕 《山東政俗視察記》下卷第626頁。
〔註67〕 《山東政俗視察記》下卷第784頁。
〔註68〕 《山東政俗視察記》下卷第792頁。
〔註69〕 《山東政俗視察記》下卷第450頁。
〔註70〕 《山東政俗視察記》下卷第499頁。
〔註71〕 《山東政俗視察記》下卷第514頁。
〔註72〕 《山東政俗視察記》下卷第678頁。
〔註73〕 《山東政俗視察記》下卷第641頁。
〔註74〕 《山東政俗視察記》下卷第648頁。
〔註75〕 《山東政俗視察記》下卷第774頁。

（6）勞動者服裝

勞動者的服裝有其職業的特點，爲了便於勞作，其衣服往往較短，因此在民俗調查裏，就會這樣的描述：

臨邑縣「鄉間男女多著短衣，以土布爲衣料。」〔註76〕

臨沂縣「縣境地僻民貧，不尚華美，普通農民操作，夏則赤背、跣足，多則僅著破襖而已」。〔註77〕

即墨縣「俗尚儉樸。勞力之人多服粗布短衣，」〔註78〕

這種不同職業的人有者不同的服裝，在很多地方表現得非常清晰：「普通民眾多著布衣，學界著制服，勞動界著短衣，商界及斯文者仍多著長袍馬掛，女界多著青藍色短衣」。〔註79〕

不同的階層，穿著不同的衣服，在民國時期表現尤爲突出，反映的是一種社會的進步與文明。

三、服裝民俗韻味

大家知道，服裝本身是一種民俗，不僅如此，而且服裝還能夠反映出自身的身份、地位等，還能夠表達出不同的文化內涵。

1、表達禮儀

在民國時期，表達禮儀的方式很多，而服裝就能夠體現出禮儀來。例如，在應酬時要穿戴整齊。在恩縣，「民眾俗高（應爲尚）儉樸，多以青藍粗布爲衣，如有應酬則穿戴整潔，以示莊重。」〔註80〕

表達對別人的尊重，不僅穿著整齊乾淨，而且講究面料的好壞。文登縣「人民服飾極形古樸，向以棉布爲衣。富裕之家間有衣料較細者，專作會親友及應酬之用，平日則仍著粗布。」〔註81〕這裡，細布衣服是作爲會客之用的。

有時候禮服也會用比較好的面料來製作。1920年《臨緇縣志》記載：「禮服用綢繒，常服以棉布爲主。中資以上，夏葛多裘。」〔註82〕

〔註76〕　《山東政俗視察記》下卷第 564 頁。
〔註77〕　《山東政俗視察記》下卷第 310 頁。
〔註78〕　《山東政俗視察記》下卷第 784 頁。
〔註79〕　《山東政俗視察記》下卷第 626 頁。
〔註80〕　《山東政俗視察記》下卷第 490 頁。
〔註81〕　《山東政俗視察記》下卷第 708 頁。
〔註82〕　《中國地方志民俗資料彙編·華東卷》上第 106 頁。

另外，還設計專門的服裝，這就是禮服。在山東老百姓的眼睛裏，禮服就是表達對別人尊重的一種服飾。

禹城縣「平時男子多服長衣，女子多服短衣。男子禮服為長袍馬褂，女子禮服為短襖裙子，並以簪環為飾。」〔註83〕

萊蕪縣「農民均服藍色棉布短衣，普通長衫即為農民之禮服。夏季箬笠，冬季氈帽。女子服裝，其質料與男子同，均服短衣，戴簪環，戴帽者甚少。」〔註84〕

這裡，男子的禮服是長袍馬褂，女子的禮服是短襖裙子，佩戴首飾，一般不戴帽子。而農民也有自己的禮服，就是長衫，夏天戴箬笠，冬天戴的是氈帽。很顯然，這種禮服，展示的是 30 年代特有的山東服裝的文化。

遇到節慶、弔喪或者交際都要穿著禮服，這是一種民間禮俗。

博興縣「民俗儉樸，多衣粗布、洋線布，偶遇慶祝、交際，男子則長袍馬褂，女子則錦衣繡裙，而貧者不能相提並論矣。」〔註85〕

雖然貧苦之家與富裕之家在穿著方面有很大差異，也帶來由於經濟條件的緣故，不可能像富人家那樣講究用禮服來表達，但還是非常注意禮節的規範。

泰安縣「衣料多用布，男子遇有慶弔則著常禮服，婦女則有著裙或長衫者，並以金銀為首飾。」〔註86〕

此段記載，可以知道男子遇到慶弔之類的大事，則穿禮服，而婦女要穿裙子或者長衫，並配以各種首飾，只有這樣才能顯示出莊重、富有禮節。在商河縣，「春冬兩季人民均著長袍馬褂，用帶束腰，如會親友，即去腰帶，以示恭敬，工作時則著短衣。」〔註87〕

雖然民國時期人們已經有了新的禮服，但是這種禮服有許多不便之處，因此人們更多的還是喜歡穿著便服。《東明縣志》1933 年，「民國雖有大禮服，常服之規定，費頗不貲，遇婚喪輒以便服代之。」〔註88〕這就說明，禮服是有很多束縛的，特別是在平日穿著這樣的衣服，就顯得非常拘謹，而且還會給行動帶來許多不便，故不受歡迎，也是在所難免。

〔註83〕 《山東政俗視察記》下卷第 571 頁。
〔註84〕 《山東政俗視察記》上卷第 126 頁，非賣品，山東印刷局，1934 年 5 月初版。以下凡出此書，不再詳注。
〔註85〕 《山東政俗視察記》上卷第 88 頁。
〔註86〕 《山東政俗視察記》上卷第 110 頁。
〔註87〕 《山東政俗視察記》上卷第 196 頁。
〔註88〕 《中國地方志民俗資料彙編·華東卷》上第 106 頁。

2、結婚禮儀

眾所周知，結婚的人生的頭等大事，於是與穿著相關的禮俗是不可缺少的部分。

在結婚民俗中，服裝是最顯示家庭的地位與富裕的標誌。一般而言，男家置辦傢具等物，而嫁妝則由女方操辦。《重修莒志》記錄 1936 年操辦婚禮的情況，「木器可由男家自備，衣服、首飾由女家略備數件，即有餘之家亦不宜多做。新式屢更，不如年年添置。」〔註89〕由此可知，人們對於出嫁之女的衣服及首飾均不強求多多益善，而是希望結婚之後，再來添置，這樣既可以節約開支，又可以佩戴或者穿著新的首飾與衣服。

平時女子穿的很簡單，只有到了出嫁的時候，才會穿著色彩靚麗的服裝。《臨淄縣志》記載 1920 年：「婦女嫁時衣飾繁麗，平時則以青藍，」〔註90〕1931 年《增修膠志》記載，「婚娶時，新郎皆著便服，惟新婦仍珠冠（蟒）袍，裝飾如舊。」〔註91〕

可知，女子出嫁用的衣服是比較講究的，特別是嫁衣的顏色，很漂亮，十分繁麗，而且佩戴同樣華麗出眾。

到了洋布進入中國以後，人們的嫁娶等衣服開始都用洋布來製作。《齊東縣志》「洋布者，多於嫁娶時用之。」〔註92〕這說明了，婚嫁的衣服不是一成不變的，也是根據新的面料而製作新的婚禮服裝的。

民國時期，山東還有這樣一種婚姻習俗，新婦向新郎家長輩送枕頭與鞋子。《沾化縣志》記錄 1935 年婚禮時期說：新娘到新郎家三日，新婦「散佈婿家尊長鞋枕，曰散針線。」〔註93〕

這裡的鞋枕，一般做成老虎的形狀，也叫老虎枕和虎頭鞋，其所包含的寓意基本相同。老百姓流傳這樣一句俗語說，「枕枕老虎枕，百病不挨身」，可見這老虎枕與虎頭鞋一樣都飽含對長輩們的美好祝福，願祝他們健康長壽。

在有的縣城，還曾經流行過在衣服上書寫「獅王」的風俗，1935 年《萊陽縣志》記載，過去婚禮上「蒙孺子紅衣，或書『獅王』二字。」〔註94〕這

〔註89〕 《中國地方志民俗資料彙編・華東卷》上第 270 頁。
〔註90〕 《中國地方志民俗資料彙編・華東卷》上第 106 頁。
〔註91〕 《中國地方志民俗資料彙編・華東卷》上第 259 頁。
〔註92〕 《中國地方志民俗資料彙編・華東卷》上第 190 頁。
〔註93〕 《中國地方志民俗資料彙編・華東卷》上第 169 頁。
〔註94〕 《中國地方志民俗資料彙編・華東卷》上第 233 頁。

種風俗很可能是明清時期歷史遺存，到了民國時期，即使還有存在，估計也是強弩之末的一種風俗了。

3、喪葬禮儀

喪葬時候的服裝，同樣反映了中國傳統的民間文化。

人在即將死亡的時候，家人要準備好壽衣。《泰安縣志》1929 年，喪禮：「病篤，遷居正寢明間，不絕氣，將衣裳穿齊，以俟其終。」〔註 95〕

傳統的喪服為白色的。1931 年《濰縣志稿》記載，喪禮，「成服，寢苫枕塊，喪服差等，重者純白，輕者素服。」〔註 96〕

在祭掃活動中，還有一種風俗，就是在十月要上墳，焚燒五色紙衣。1935 年的《齊東縣志》說，有十月「一日展墓，間有裁五色紙衣至墓焚化者，曰送寒衣。」〔註 97〕

十月初一，為送寒衣節，又稱十月朝，又稱祭祖節。送寒衣節和清明節、中元節一樣，都是一年中祭祀祖先的重要節日。 根據民間傳說，其起源於孟姜女哭長城的故事。十月是孟冬，十月初一是寒冬季節的第一天。由生者的禦寒加衣，想到死者的防寒需要，因此有了送寒衣祭祀祖先的風俗。 墓祭前，人們用五色紙分別做成衣、帽、鞋、被種種式樣。在墳前燒掉。只有焚燒乾淨，這些陽世的紙張，才能轉化為陰曹地府的綢緞布匹、房舍衣衾及金銀銅錢。通過這些活動，表達生者對亡人的哀思與崇敬。

這是山東的喪葬習俗，也是中國對衣服的民俗功能性理解。

四、民國時期山東服裝形成的原因

1、習慣原因

由於習慣的原因，山東服裝普遍來說，都比較樸實無華。1936 年《清平縣志》說，這裡的人崇尚節儉，衣服一般樸素：「清俗尚儉，衣多布素，綢緞及毛織品用者蓋鮮。鄉區婦女，亦荊布自甘，不禦時髦妝飾，鄉民多非笑之。」〔註 98〕

不僅是在清平縣，在其他地方也大多如此。

〔註 95〕 《山東政俗視察記》上卷第 275 頁。
〔註 96〕 《中國地方志民俗資料彙編·華東卷》上第 207 頁。
〔註 97〕 《中國地方志民俗資料彙編·華東卷》上第 189 頁。
〔註 98〕 《中國地方志民俗資料彙編·華東卷》上第 321 頁。

歷城縣「人民服飾大都多尙樸素，不習浮華。」〔註99〕

濟陽縣「衣料多用土布，絲織品用者甚少。婦女均以金銀釵釧爲飾物，地處偏僻，民性儉樸，無奢靡之風。」〔註100〕

這種將地方與服裝的發展聯繫起來，證明偏僻的地方對於服裝的需求比較低下，只要能夠達到服裝的基本功能即可滿足。

再說，長期以來中國的傳統上，衣服都由家庭裏的婦女自己紡線織布，並且用來製作衣服的，這是一種民族的習慣。1936 年《東平縣志》，「婦女主中饋外，晝夜紡織無暇晷，用供一家之衣料，有餘或出售以博微利，故婦女衣服較爲完整。男子夏秋南畝力作，跣履袒褐，勞動最苦，衣服亦最陋，常時只取蔽體，冬季僅足禦寒。其普通衣料，以本縣所出之粗布爲主，而洋布及絲織品間有用者，率係素封之家。」〔註101〕

1935 年《沾化縣志》記載：「衣服，普通衣服概用土布，棉花係土產，紡織又自爲之。」〔註102〕

這裡可以看出，即使到了 30 年代，在很多地方的衣服也都是通過家庭的手工縫製而製作出來的。

2、價格便宜

由於山東地區縫製衣服的人工價格便宜，也就決定了人們的穿著，另外，由於布料價格國產的要比國外的要便宜，因此人們一般不會以外國貨爲主，而喜歡用土布或者國產的棉布來製作衣服。

《膠澳志》1928 年，「無論男女，大都布衣，藍色無花，至於綢緞之類，僅富家女子出嫁時服之耳，女子間有花紋或紅色之衣服，其材料則購至於李村、棗園、流亭、城陽、王哥莊、臺東鎮之市鎮，或於家庭自織之。成衣，大都由家庭婦女自爲縫紉，不假手於外人，大約成人所著之單長衫（俗稱大褂）須作三日，單短衣（小褂）二日，單褲一日，夾者各增半日，綢棉襖三日半。其工作之遲鈍較之日本普通女子之手工不及三分之一，蓋其縫紉極細密，不務華美，而堅牢耐久爲主。」〔註103〕

〔註99〕　《山東政俗視察記》上卷第 4 頁。
〔註100〕　《山東政俗視察記》上卷第 70 頁。
〔註101〕　《中國地方志民俗資料彙編・華東卷》上第 284 頁。
〔註102〕　《中國地方志民俗資料彙編・華東卷》上第 170 頁。
〔註103〕　《中國地方志民俗資料彙編・華東卷》上第 257 頁。

　　這裡的文字，敘述了衣服製作人工比外國便宜，只有日本的三分之一，這裡說的是在 1928 年情況。過去做衣服，大多數為自家縫製，到了 20 世紀 20 年代末，中國成衣製造已經成為一種早期的工業形態，特別是製造衣服開始成為一種作坊性的手工業，家家戶戶製作成衣來賣，已經在市鎮裏流行起來，在山東各市鎮中也存在這樣的製作衣服的家庭工坊。在《膠澳志》裏記載的情形，就屬於這樣的類型。眾所周知，衣服的第一要素是實用，再華麗的衣服無法勞動，或者只是好看，而沒有實用的價值，也很難獲得當時要靠勞力來養家糊口人們的喜歡。由於山東勞動力的價格相對日本而言，是很便宜的，不僅如此，更重要的是山東婦女製作出來的衣服，「堅牢耐久」，因此普遍受到歡迎。

　　不僅如此，作坊裏生產的土布，與工廠裏生產的工業面料同樣由於價格低廉，逐步佔領了市場，成為人們製作衣服的主要來源。在 1933 年的《東明縣志》這樣記載，「本縣人民率以土布為衣，質粗而堅。夏日短褐，止於蔽體，色尚白，秋冬則漚以靛藍，製為夾、棉長衣，外覆皂色短褂。靛色漸漲，多改用灰黑，中農以下，展轉綻補，非襤褸不易也。資本主義侵入以還，大機器生產之棉織各品充斥市場，公務員及城市商人衣質咸取材於是，而中產以上服用亦浸淫日廣，銷路日闢，幾欲取布而代之矣。」〔註104〕

　　朝城縣「民眾喜用土布，士紳喜用新式國貨，其餘裝飾最為儉樸。」634

　　喜歡用國貨，而不再喜歡用土布來製作衣服，這成為山東地區喜歡用機器紡織出來的布料來製作衣服的原因。

　　這種用機器生產布匹的，在民國時期已經有許多地方，其中以青島、福山、長山、濟南最多，其中青島五家，牟平一家，福山十八家，益都二家，長山二十五家，濟南四十一家，生產布、毛巾、睡衣、線毯、棉帶等，多銷往膠濟沿線、東三省，以及冀、豫、晉、陝、蘇、皖各省。〔註105〕

　　由於機器紡織的布料不僅比傳統的家庭紡織出來的要好，而且顏色多，價格也要相對便宜，因此慢慢的人們開始用這些布料來製作衣服，並且替代家庭的粗布與土布。

〔註104〕《中國地方志民俗資料彙編・華東卷》上第 308 頁。
〔註105〕膠濟鐵路管理局車務處編《膠濟鐵路經濟調查報告》，青島文華印書社，民國二十三年（1934 年）版，第 211 頁。

3、自然條件

歷來山東不是主要產棉地區，僅僅少許地方可以生產棉花。據 1930 年對 65 個縣的統計，荒地共有 911・8661 萬畝；1934 年 49 個縣統計，荒地超過了 1000 萬畝。許多經濟作物種植減少。如棉花種植面積，1931 年 555・1 萬畝，占全國種棉總面積的 25・5%，居第 1 位；1932 年 549・6 萬畝，占 18・4%，退居第 3 位；1933 和 1934 年，退居第 4 位；1935 年退居第 6 位。

韓復榘的山東省政府對農業發展還是比較重視的。在臨朐設立了蠶業指導所，推行新式烘蠶窰；在齊東、臨清等地設立了棉作改良場，推廣引進美國優良品種「金氏棉」、「脫氏棉」等。〔註 106〕儘管如此，也都未能改變山東是個棉花生產不發達地區的現狀。

因此，在一些經濟發達地區，其土布、棉紗的生產及交易也占很小的部分。濰縣及其周圍的地區是山東近代手工業和農業發達的地區，產品主要有土布、草帽辮、刺繡、豬鬃、煙葉、花生等。民國初年，隨著鐵路貨運比重的不斷上陞，越來越多的花生、煙草、豬鬃、繡貨從濰縣車站運出。濰縣成爲全省最大的煙草、繡貨、豬鬃的集散地。總和 1928～1931 年濰縣境內五處貨運車站的貨運額，平均每年自青島輸入棉紗等貨物 116729 噸，輸出豬鬃、花生、煙葉等貨物 77272 噸。〔註 107〕

其次，山東很多地方桑蠶養殖也不發達，因此舶來品進入中國，其中也包括山東地區。

1936 年《東平縣志》記載，「境內地勢，東北高二西南窪，產棉之區僅少許山地，此外絕鮮，而蠶桑之業亦不發達，故衣之來源絲綿多仰給於商販及舶來之洋線。」〔註 108〕

舶來品進入人們的視野，因此出現在縣城及沿海一帶大都用洋布來製作衣服，形成了一個地區穿著不同布料衣服的情形。蓬萊縣「南境農村區域服飾儉樸，多以粗布爲衣。縣城及沿海一帶服飾講求，多以細布或絲織毛織等品爲衣，但貧富懸殊，頗不一致。」〔註 109〕

這種沿海與農村的不同衣服的區別，反映的是服裝在不同地區的差別，與其生活的自然條件有著直接的關係。

〔註 106〕《山東農業經濟作物的種植與改良》，2008 年 11 月 17 日，《山東省情網》。
〔註 107〕膠濟鐵路管理委員會《膠濟鐵路經濟調查報告》，1934 年，濰縣。
〔註 108〕《中國地方志民俗資料彙編・華東卷》上第 284 頁。
〔註 109〕《山東政俗視察記》下卷第 661 頁。

4、政府的干預

任何服裝的發展有自己前進的軌迹，但是這種軌迹會被外部的力量所打破，而發生逆轉，特別是當改朝換代的時候更是這樣，當然在強大的政治干預下，服裝文化同樣也會發生變化。

1935 年，全國開展新生活運動，對社會不良風氣進行有力的治理，其主要體現在禁煙禁毒、禁娼、禁賭、禁止婦女纏足等方面，也表現在取締奇裝異服等方面。

山東省主席韓復榘獨出心裁，將取締「奇裝異服」納入了「新生活運動」當中，厲行一時。韓認為，「奇裝異服有傷風化，亟應加以取締」，於 1934 年 9 月 18 日公佈了《濟南市取締奇裝異服暫行辦法》，規定衣著標準，衣褲袖口長短須過肘膝，衣袖、褲口在肘膝以上者為「奇」「異」，並特為女子規定了著裝樣式，令一律照樣式裁制。1936 年 5 月 30 日，韓復榘向全省發出布告，規定：「自 6 月 1 日起，凡民眾穿著衣褲，須以肘、膝為標準，其穿短袖、大小褲或短褲者，不准在街上行走，倘有無故違犯者，定行抓辦。」〔註 110〕同時也禁止婦女烙髮燙髮、束胸、穿高跟鞋等。為此，韓還提出了別出心裁的辦法：通令妓女一律燙髮、著「奇裝」、穿高跟鞋，以示與良家女相區別，並布告全省，一體周知，迫使婦女再不敢趨「時」，趕「摩登」，穿「奇裝異服」。但韓復榘在這種極守舊的封建意識指導下的極端做法卻鬧出了許多笑話。一天，他在皇亭體育場講完話乘車出來，看見三個女學生穿藍色短袖褂、青色短裙迎面走來，便停車下來批評三個女學生說：「你們穿的不男不女，有傷風化！」舉手打了一個女學生兩個耳光說：「以後不准穿著這種衣服上街！」西行不久，又遇上五六個同樣穿著的女學生，又下車警告她們以後不准穿這種衣服上街，並問明是哪個學校的。到進德會後，立即下令公安局，叫把街上穿異服的婦女統統抓起來。全市警察一齊出動，把所謂穿異服的婦女一批批抓到公安局看守所，計有三五百人，看守所容不下，擁擠在院中站著。何思源聽說後，第二天一上班來見韓，說：學生穿短袖、短裙是中央統一規定的學生制服，全國學生都穿這個。韓復榘這才令副官打電話給公安局：「全部釋放！」何思源又說：「聽說主席當時很生氣，教育（打）了一個女學生，想法安慰安慰她吧！」被打的女學生姓曹，住老東門裏，她父親在外地當小學教員。韓聽了何思源的話，

〔註 110〕 《山東民國日報》，1936 年 5 月 31 日。

當天下午派副官李某，買了一匹藍竹布、兩樣點心，送到了曹家。有人說，韓禁奇裝異服並不那麼絕對，有一次在大明湖見到一些赤膊乘涼的群眾，群眾很害怕，急忙穿上衣服。韓過去笑著說：「不要緊，大家隨便！」韓復榘對公務員要求衣著一定要整齊清潔，不准隨便穿脫。大概這是鬧了幾次笑話之後，韓復榘改變了態度。

韓復榘在山東的新生活運動特別是整治社會的行為，其影響非常之大，只是在城市裏，並沒有改變廣大農村與小縣城的服裝，他們依然保持過去的文化傳統。如平度縣等地，「鄉民服飾樸素，仍延十餘年前衣冠。城市稍趨時髦，亦無奢華習尚。」〔註111〕

其他地方也基本如此：

黃縣「鄉民崇尚儉樸，多以青藍色粗布為衣。城鎮居民多以細布為衣。婦女則以簪環為飾。」〔註112〕

福山縣「農民以粗布為衣，商人間衣服帛或毛織品者。婦女多以簪環首飾為飾物，近亦漸減。」〔註113〕

海陽縣「普通居民多以粗布為衣，中上之家則用洋布呢絨等料位已，勞動力者短裝，其餘商學等界多服長袍馬褂。婦女則以簪環為飾。」〔註114〕

中上等有錢人家開始穿著洋布製作的衣服，顯然與普通老百姓的服裝有很大差別。

壽張縣「鄉間男女多以青藍棉布為衣，城鎮間有服絲織毛織品者。舊式婦女大半以簪環為飾物。」〔註115〕

膠縣「普通居民多以粗布為衣，城市商學各界則多服洋布長袍，間有以絲毛織品為衣料者。婦女則以簪環為飾。」〔註116〕

昌樂縣「縣內人民儉樸，服飾極為簡陋。無論男女冬夏多半用本地所出之青藍粗布，富者，多置有長衣，貧者及婦女則均著短衣，少年婦女及學生或機關人員間有穿雜色洋布或絲綢及毛織品者，亦在少數。」〔註117〕

〔註111〕《山東政俗視察記》下卷第 740 頁。
〔註112〕《山東政俗視察記》下卷第 670 頁。
〔註113〕《山東政俗視察記》下卷第 654 頁。
〔註114〕《山東政俗視察記》下卷第 724 頁。
〔註115〕《山東政俗視察記》下卷第 610 頁。
〔註116〕《山東政俗視察記》下卷第 766 頁。
〔註117〕《山東政俗視察記》下卷第 756 頁。

招遠縣「居民崇尚儉樸，多以土布及國產棉布爲衣，服用絲織品者甚少見。」〔註118〕

這些文字的表述，都是來自 1934 年的山東省社會調查資料，眞實地反映了當時民眾的生活其中也包括他們的服裝。山東省政府委員兼民政廳廳長李樹春在《山東政俗視察記》「序」裏說：「今集年來調查所得，分別專案，據實記載，爲《山東政俗視察記》付諸手民用代報告，即此刊佈，雖未足以慰民，望而愜初衷然鑒往，即所以知來，懲前斯可以毖後，擇善而從不善，必改前事不忘後事之師，則斯記者固爲今日視察之實，亦爲將來敷政理民，移風易俗之考鏡也。」〔註119〕

由此可見，這種記錄是眞實可信的。雖然與韓復榘在山東的新生活運動相距一年的時間，但是要在這樣短的時間裏改變人們的生活，特別是要改變他們的服裝是絕對不可能的。

〔註118〕《山東政俗視察記》下卷第 686 頁。
〔註119〕《山東政俗視察記》上卷序言。

附　圖

張裕葡萄酒廣告裏的女性

張裕葡萄酒廣告裏的女性

登泰山休息的婦女

民國時期的邊疆民族服裝

一、一種文化符號

一般人看來，服裝只是爲了裹體保暖，其實服裝的價值不僅僅於此，人們的穿著還可以表達出一定的思想、情感與意願，在特定的時間與場合，服裝所表達的內涵要比話語更豐富、更準確，更是一種文化符號，傳遞出種種的文化信息。

1、可以表達一種信息

（1）表達愛意

在邊疆民族地區，未婚的青年男女爲了表達愛意，往往會穿著好看的衣服，去參加節日、祭祀等社交活動，特別是在戀愛的時候尤其如此：

「是日爲此地敬天節，家家焚香葉子爆草蚤（二樹名）及懸松枝於門爲禮，少女均濃裝相率遊山，亦有於此時選覓伴侶或竟野合者。女孩之髮分三綹結辮，蟠辮於頭，插鮮花野草，插花草之役強余任之。著蘇白布衫，水綠短褲，衫爲左襟式，長及膝，袴口與衫齊，腰繫白帶。」[註1]

敬天節是西南民族的祭祀節日，在這天人們除了進行祭祀天地活動外，男女青年也可以在此日談情說愛。人類學家認爲，服裝的起源不是爲了遮體保暖，而是吸引異性。這一判斷，在四川民族地區可以得到了有力的印證。

爲了博得女孩子的喜歡，男青年會送給自己的愛慕的心上人針黹以及布

〔註1〕 《西行艷異記》第 1 冊第 1 部《四川西區情形》第 41 頁，上海時報館 1940年版。

等，關於這一點，有旅行者就記載了這樣的情境：「二十三日，晨起，以針線數事布數尺饋諸女，均拜謝，旋各以土特來，余亦受之。」〔註2〕為了接受這種愛情，女方也回贈男方土特產。

羌族未婚的青年人，「經多次的追求（他們鄉談叫『僭借生米』），如果雙方全有愛慕的意思，則男子暗中送女子一封粗製點心或一個整鍋餅，女子則酬謝裹腿一付（副），男子再酬以青布一根（七尺），則女反酬以青布兩端刺好花邊齒痕的頭巾一條（七尺），有時回贈以花鞋一雙或涼鞋一雙（涼鞋是為一種布製，式樣似草鞋，故亦名涼鞋）。〔註3〕

對於漢族而言，鞋子象徵著好合、和諧，而對於羌族來說，同樣如此，但更具有古樸的歷史文化內涵，青布、鞋子則反映的是中國傳統服裝文化的重視與認同。

（2）表達悲痛

服裝可以表達愛慕，也可以表現悲痛，而壽衣則是這種悲痛的外在符號。在滿族，「死人所穿的衣服，叫作壽衣，也叫裝老的衣裳，或是裝裏，都是棉衣裳。男女都是裏面穿小棉襖褲，外面穿禮服，男子從前是穿棉袍兒、馬褂兒，從前的婦女，旗人是穿氅衣兒、親衣兒；漢人是穿外褂子、裙子，現在是不分旗漢，多半都是穿大棉襖了。反正，無論是穿什麼衣裳罷，總是穿單數，不穿雙數，說是怕重喪。壽衣是不用紐子，不用緞子邊兒，穿衣不繫帶子，說是怕死人帶了兒子去。男子是穿翻底皂靴，婦女是穿蓮花兒鞋，講究帶檀香木的首飾。這壽衣，有自己家裏作的，有在鋪子買現成的，賣這壽衣的鋪子，叫作壽衣鋪。」〔註4〕

到了民國之後，喪服有了改變，不再沿用傳統的白色孝子服，而改用黑色的黑紗或者黑紗結，當然也有依然按照傳統方式來穿著孝服的。

1931年《義縣志》記載：「旗人孝服，男用白布為之，式如官衣，不縫下邊，用白布為帶，不用味麻繩，農商人家無分多夏帽用白氈之冠，惟充文武官差者，則均以官帽用白布裹之，婦女之服與男同，腰不束帶，惟冠則以白布先折成帶形，高寸餘（以層厚薄分喪之輕誼），再為一圈形，戴於首。父母

〔註2〕 《西行豔異記》第1冊第1部《四川西區情形》第55頁，上海時報館1940年版。

〔註3〕 《中國地方志民俗資料彙編‧西南卷》（上）第391頁，書目文獻出版社1991年版。

〔註4〕 《滿漢禮俗》第203頁，上海文藝出版社1989年版。

之喪，服白衫百日，叔伯之喪，服衫白六十天。過此，不著白服。」〔註5〕

　　但是不管怎樣，社會在進步，新的悼念親人的服飾畢竟成爲了一種潮流：「中華民國政府，公佈服制令，喪服是男喪家左臂圍黑紗，女喪家在胸字首黑紗結，但在社會上，仍然遵循舊日服制，不過是極少數的新人物，在臂上圍黑紗，就是不穿舊日的孝子服了，可是他們的圍法，是按著男左女右的規矩，比如他們的男長親死了，就在左臂上圍黑紗，女長親死了，就在右臂上圍黑紗，也有圍黑布的，並且黑紗或黑布的寬窄尺寸，也並沒一定。」〔註6〕

2、新人的服裝是婚禮的標識

　　結婚時候的新娘、新郎裝扮，與平時不相同，更需要新的衣服來打扮，同時這對新人的衣服還要有特殊的服飾符號：「新娘十八九，新郎已鬍鬚滿腮。新娘著四川戲子所著霞披雲肩，色已陳舊。新郎則著黑洋布長袍，白布襪，黑布鞋，黑瓜皮式之氈帽。藍線掛耳之老白眼鏡，手持長煙袋，作笑容。」〔註7〕

　　在西康東部，「新娘著藍白色衣褲，及紅繡鞋，注視來客。新郎戴煙氈帽，著滿清時代之靴，黑鍛馬褂，灰色衫，白綺，白襪，面有笑容。」〔註8〕

　　在北方，新娘喜歡穿著大紅色的衣裳。根據日本人武田昌雄長期調查，「滿洲國和中國北方，因爲娶聘的事情，新媳婦是穿紅色衣裳，來賀喜的女賓，也多是穿紅色衣裳，並且應用的物品和裝飾品，也是用紅色的多，所以以管著娶聘的事叫作紅事，又因爲這是喜慶的事，也叫喜事，文言是叫婚禮。」〔註9〕這裡，將婚禮之所以稱爲紅事的緣由，作了清晰明瞭的說明。民國之後，對於新郎來說，開始穿著洋服、禮服；而新娘頭蓋，也叫喜紗、頭紗等，也不再一味用紅色，改用白色，同時有了男女儐相，新婦乘坐汽車等新的婚禮模式。「新郎的服裝，總是穿洋服，講究一點的，就穿大禮服，新媳婦總是蓋著白色的喜紗，又叫頭紗，手裏拿著鮮花束，有一對小姑娘兒拿著花籃跟著，男女儐相，也是裝束鮮明，同新夫妻差不多，行這新式婚禮的，新婦差不多都坐汽車，或

〔註5〕　《中國地方志民俗資料彙編·東北卷》第203頁，書目文獻出版社1989年版。
〔註6〕　《滿漢禮俗》第336頁，上海文藝出版社1989年版。
〔註7〕　《西行豔異記》第2冊第2部《西康東部情形》第80頁，上海時報館1940年版。
〔註8〕　《西行豔異記》第2冊第2部《西康東部情形》第327頁，上海時報館1940年版。
〔註9〕　《滿漢禮俗》例言第1頁，上海文藝出版社1989年版。

坐馬車，車上有掛著紅彩綢的，那是車行預備的。」〔註 10〕這裡所說的婚禮風俗，既在漢族中盛行，也在旗人中間流行。

在西康地區，來參加婚禮的賓客，也都是穿著特有的民族盛裝，並且經過精心的打扮才來的。

「女客極多，大都不袴而裙，行時，風吹裙角，白肌隱約可觀。女客衣飾之種類極多，有一衣陳五色者，有作滿裝者，有似西洋裝束袒露肩者，有博衣大袖作古代裝者，髮多蟠於後腦，或橫盤額上，髮色或黃或黑，或首戴男子氈帽緯帽，比較上男女之戴帽者，較包帕者少三分之二，帕或藍或白或青。先以帕頭蒙頂，次以帕橫纏十數。」〔註 11〕

在西南地區，有些民族用髮式來表現是否婚嫁。俅（原爲犬旁）夷的「男女皆披長髮，女出嫁則披背後，未出嫁前披於兩肩，麻布爲衣裙，男女不著綺，左臂有刺紋，若龍若鳳，鬃以朱色，終身不脫。」〔註 12〕其實，這種表示婚嫁的髮式，在民國時期的漢族農村也都有保存，只不過不同於俅族女性那樣將頭髮披在背後還是兩肩來表示婚嫁：姑娘梳成辮子，而媳婦梳成了髮髻。

這時候，猓猓人的服裝有了一定的進步，不僅僅是裹體之用，而且也代表了不同的含義。「此地爲猓猓人聚居之所，男人戴尖頂白黑氈帽，披羊皮及氆單。男女未結婚者，髮披於肩，結婚後則以黑布之方巾束之，遠望似垂一牛角然。平時著短衣，與漢人相似。婦女之衣，如近代之套口旗袍，長與膝齊，頭頂方巾，四角下垂，衣料多用紅綠布，天足上並有大紅布裹之，出門答宴，則著異色方格花裙。」〔註 13〕

在哈薩克族的穿戴中，也可以知道誰是已經結婚，誰還沒有結婚，不同的裝束就那個看出：「女子皮毛，方頂闊簷；嫁後則以花布斜繫頭上，逾一二載，其姑爲換載白布面衣，名曰『雀洛什』。其制以白布一方，斜紉如袋，幪首至於頦，而露其目，上覆白布圈後帔，襂襂然下垂肩背，長二尺餘，見者知爲婦裝也。」〔註 14〕

〔註 10〕 《滿漢禮俗》第 163～164 頁，上海文藝出版社 1989 年版。

〔註 11〕 《西行豔異記》第 2 冊第 2 部《西康東部情形》第 80～81 頁，上海時報館 1940 年版。

〔註 12〕 《西行豔異記》第 2 冊第 2 部《西康東部情形》第 252 頁：上海時報館 1940 年版。

〔註 13〕 《西行豔異記》第 2 冊第 2 部《西康東部情形》第 261 頁：上海時報館 1940 年版。

〔註 14〕 《中國地方志民俗資料彙編・西北卷》第 350 頁，書目文獻出版社 1989 年版。

在維吾爾族女性中，未婚者「髮則梳辮，已婚者編成爲二支，以青絲緇線；未婚者辮細多分。眉則以黛，連成爲一。」〔註15〕在雲南的碧約人之中，未婚與已婚女性，從其頭髮的裝飾上就可以知曉：「已婚的婦女頭上纏著青布，布的兩頭在背後垂下，直到腰部左右。處女們則梳著一條大辮，頭上不纏布而戴上一頂瓜皮式的小帽。」〔註16〕

在湘西苗族地區，新娘結婚要穿嫁衣裳。這種嫁衣裳一般都非常華麗，繡滿花卉人物等，從小就開始繡起，有的直到出嫁才能完成。「至於新娘的嫁時衣，或過時節或喜慶時所著衣服，大袂及前後擺多繡花卉人物，工夫甚巨。苗女終身大都只做一件，在未嫁數年前即做起，做成爲嫁時衣，嫁後偶逢時節喜慶穿著一次，死後尚須用作殮衣。」〔註17〕

在苗族，不僅服飾作爲是否婚嫁的標識，包頭也可以識別其結婚與否。「苗婦包頭約分三種形式：（一）盤式，以布盤繞頭上，爲最普通的形式；（二）圓式，包頭環繞成圓形；（三）披式，以布盤繞後餘布尺許披在頭上。包頭布有花格布、青花布、青布、黑布各種不同的材料。年輕婦女，多用花格布、青花布；年老婦人多用青黑二種。婦女的髮式，已嫁與未嫁時不同。已嫁者椎結後腦，未嫁者額髮中分，結辮崔後。」〔註18〕

3、特殊身份的展示

在西藏，喇嘛則是穿著黃色的帽子和僧袍。黃色的衣服是他們特有的身份標誌，也是一種需要在特定場合而穿的，其他時間則不容許穿著：「此地每年於十二月一日起，即延請三百喇嘛，設壇誦經，直至十一日止，無論俗人喇嘛，皆須戴黃色皮帽，服黃色僧袍，過期，則不許穿戴也。」〔註19〕

在西康地區，「喇嘛與婦女之衣與男子同，惟色澤不同。普通男子之衣爲黑色、灰色，或藍色，婦女之衣爲紅黃藍間色。黃喇嘛之衣一律深褐色，紅教喇嘛則紅衣紅袈裟也。說著之鞋，均爲靴式，大概如滿清時代之靴，下統爲牛羊皮及雜皮，上統多以絨布接成，長及膝灣，靴後有口，以便足之進出也，足入靴，則以帶緊束靴口。有著襪者，有包布者，有赤足著靴者，視其

〔註15〕　《中國地方志民俗資料彙編·西北卷》第 351 頁，書目文獻出版社 1989 年版。
〔註16〕　姚荷生《水擺夷風土記》第 26 頁，上海文藝出版社 1990 年版。
〔註17〕　淩純聲、芮逸夫《湘西苗族調查報告》第 77～88 頁，商務印書館 1947 年版。
〔註18〕　淩純聲、芮逸夫《湘西苗族調查報告》第 89 頁，商務印書館 1947 年版。
〔註19〕　《西行豔異記》第 3 冊第 4 部《神秘的冷靜的西藏》第 497 頁，上海時報館
　　　　　1940 年版。

經濟能力焉。」〔註20〕

其他民眾的服裝同樣是他們身份的體現。西藏的婦女服飾很有民族特色，特別是拉薩的服飾影響到周邊地方的文化，在人們（特別是女性）眼裏，拉薩的服飾是他們追逐的目標。這種情形，人們在 40 年代的采風中就發現這樣的現象：

> 此間之婦女，多帶有拉薩之驕奢習慣，頭髮自前額至後頸，左右分平，梳爲五六小辮，始合爲一髻，左右最下及耳際之髮，皆以人工使其捲曲，插木及銀製而鑲有翡翠玉珊瑚珍珠瑪瑙寶石等物之裝飾品七八事（原書誤，應爲「件」），耳環甚長，幾及肩，若衡其量，則至少當有一百五十格蘭姆也。戒指、覆髮之珠圈、壓領之圈，及串珠臂間之珠圈及手鐲、右襟上之牙籤挖耳，皆爲每一婦女必不可少之裝飾物。衣長大寬博，而鑲以極寬之花邊，出外則戴面罩，（防風霜護皮膚者，）披合衫，衫前必有一極大而圓之金屬物，多半自制德格人之手，有花鳥蟲魚山水神佛等類，雕刻頗精緻。〔註21〕

在這段記載裏，不僅得知女藏民的服裝基本式樣與用途，也從中發現與服裝配套的飾品更是五花八門，不僅有金銀、珍寶等飾品，而且也有日常所需的牙籤、挖耳等，這些都成爲她們裝束的一部分，也是她們服裝文化的一個組成部分。

在西南地區的民族，其往往將服裝與頭髮放在一個層面上來作爲文化符號：「西番男子之發，自頂心起，向前梳至額，過長則剪與眉齊，若女人之『劉海』式者然。衣長至腰，絝短僅蔽陰部，跣足。女束髮，披於肩，短衣密扣，繫細摺繡花裙，著繡花鞋，裹足以白布，鞋之色多紅及紅綠相間色，作工時，脫履而著草鞋，行路上，喜搖擺以爲美觀。」〔註22〕

4、民族的文化符號

服裝是一個民族的符號，每個民族都有自己的服裝，其代表的是他們民族的文化，反映的是這一民族的社會發展、經濟狀況以及所處的自然條件。

〔註20〕 《西行豔異記》第 1 冊第 2 部《西康東部情形》第 211～212 頁，上海時報館 1940 年版。

〔註21〕 《西行豔異記》第 3 冊第 4 部《神秘的冷靜的西藏》第 506 頁，上海時報館 1940 年版。

〔註22〕 《西行豔異記》第 2 冊第 2 部《西康東部情形》第 296 頁：上海時報館 1940 年版。

　　正由於服裝是一個民族的符號，所以他們也格外珍惜自己的服裝。據考察，「今散佈於黔、滇、桂、越的苗族，尚多保存他們固有的服式。作者於 1934 年，在雲南蒙自松林哨調查苗族時，見著其固有服裝，男衣多從漢式，然與一七十餘歲的老苗人，在談話中知其藏有男衣兩件，被視爲珍寶，不肯輕易示人；欲購作標本，無論出任何重價，都不肯出售，只得取照片兩幅。」〔註 23〕其中不肯出售的衣服是：「一對胸長袍，而無前擺，兩袖管、胸前及後擺多繡花，製成一件，費工甚多。」〔註 24〕這種衣服製作不易，再說服裝對他們來說，也是一種不可小覷的財富，不可輕易出售，就在所難免了。

　　哈薩克是新疆的少數民族，主要從事牧業生產，因此其服裝帶有地方文化的色彩。「哈薩克多在伊犁、塔城一帶。大都游牧山中，故終年頭戴皮帽，外作紅色，長垂及項，狀如風帽。襯衣多以白布製成，襦衣則五色皆可，無襟，狀如西裝，其外衣之長短與式樣，亦大致如西式大衣，左懸皮囊，右佩小刀。女衣稍長過膝，當胸恒以金絲綢緒，綴以環鈕，衣之前後懸有小袋甚多，可以貯存零星什物。男女皆尙黑色。春、冬則外加皮裘，富者則獺貂爲之，貧者僅以羊皮。以多爲美，赴宴時，雖在盛夏以恒服八九層。」〔註 25〕

　　哈薩克「男女所服之衣，貴賤不分，名曰袷袢，圓襪窄ㄑ奚，不結鈕，長施於膝。男敞前衽，以左衽掩腋，束以皮帶，嵌金銀珊瑚珍寶，左懸皮囊，右佩小刀。婦衣較長，當胸多以金絲編緒，綴以環鈕。衣之前後，繁繫小囊，盛零纖什物，便於取用。男女衣皆以黑色爲上，白次之，雖盛夏恒褌褲摻復，以蔽日光。春冬則外襲皮裘，厥名曰恫。富者以貂獺猞猁諸皮，貧者羊裘澤身，襯百布及五彩襌褲，有袖而無衿。女之屬（左加ㄔ）衣，下圍如繞領，其長曳地。男子著皮岐高帽，內襯幓頭，女子皮帽，方頂闊簷，嫁後則以花巾斜縈頭上，逾一二載，其姑爲換戴白布面衣，名曰雀落什。其制以白布一方斜紉如袋，蒙首至於額，而露其目，上覆白布圈，後岐襂襂然下垂肩背，（長二尺餘，）見者知爲婦裝也。皮靴謂之玉底克，皮襪謂之黑斯，皮鞋爲之克必斯，皆以牛革爲之。婦女較窄小，踵底之木，高二三寸，連兌（左加革）鐵釘，踏地鏗然作響，斯爲美耳。」〔註 26〕

〔註 23〕凌純聲、芮逸夫《湘西苗族調查報告》第 77 頁，商務印書館 1947 年版。
〔註 24〕凌純聲、芮逸夫《湘西苗族調查報告》第 77 頁，商務印書館 1947 年版。
〔註 25〕《中國地方志民俗資料彙編‧西北卷》第 324 頁，書目文獻出版社 1989 年版。
〔註 26〕謝彬《新疆遊記》第 166 頁，中華書局 1923 年版。

　　謝彬的《新疆遊記》出版，受得孫中山的重視，孫文爲此書作序，署名時間是民國九年七月二十六日，〔註27〕據此推斷，其日記應寫於此前，故我們將此記載放在 1910 至 1920 年之間。另外，根據作者之弟在書的序言二裏說：「宗兄曉鐘，奉財政部命赴新疆阿爾泰區調查，歷時十有五月，歸成遊記三十萬言，披露報端以後，今將付梓，屬予序之。」因此，也可以判斷，其日記寫作應在 20 世紀 20 年代之前。

　　到了 1947 年出版的《新疆概述》一書裏，對於哈薩克族的服裝變化仍然不大：「其男女所服之衣，貴賤不分，名曰『袷袢』，圓襟窄袖，不結鈕，長拖於膝。男敞前衿，以左衽掩腋，束以皮帶，帶刻金銀，嵌含珊瑚、珍寶諸石，左懸皮囊，右佩小刀；婦女衣較長，當胸以金絲編緒，綴以環鈕，衣之前後繁繫小囊，盛零纖什物，便於取用，繽繽如也。男女衣皆以黑色爲上，白爲次。」〔註28〕哈薩克族的「皮靴曰『玉底克』，皮襪曰『黑斯』，皮鞋曰『克必斯』，皆以牛革爲之。婦鞋木踵鐵底，踏地錚然作響。入室男女均脫其屨（履），室中人數，視履而知。」〔註29〕關於哈薩克穿皮靴的事實，還可以從其他記載中得到印證：「著牛皮靴，套以革履，其後跟尤特別高，附以鐵皮，可以久而不壞，行時錚錚有聲，入門時脫其革履於戶外。」〔註30〕

　　哈薩克兒童的服裝是非常有特點的，不僅好看，而且還能夠具有辟邪的作用：「兒童小帽謂之『克擺什』，以五色絨絲組織之，上繫訓狐毛，名曰『玉庫爾』，以避邪祟也。年十三四，則以金絲緞及雜色綢布製爲小幀，四時均加皮帔高帽，謂之『突馬克』。其上或用猞猁、貂、狐之毛，或用羊皮，概視加之貧富爲之。其式六方，頂高三四寸，後帔長尺許，皆皮裏葉。戴時露口、眼於外，冬日以禦雪霜。夏亦帽，無露頂者。大小頭人進謁官長，皆呢邊紅纓大冠，間置翎頂其上，以示尊異。」〔註31〕

　　關於哈薩克族兒童服裝的描寫，在《新疆遊記》裏也有近似的文字。〔註32〕

〔註27〕　謝彬《新疆遊記》序一，中華書局 1923 年版。
〔註28〕　《中國地方志民俗資料彙編·西北卷》第 350 頁，書目文獻出版社 1989 年版。
〔註29〕　1935 年《新疆問題講話》，《中國地方志民俗資料彙編·西北卷》第 358 頁，書目文獻出版社 1989 年版。
〔註30〕　《中國地方志民俗資料彙編·西北卷》第 324 頁，書目文獻出版社 1989 年版。
〔註31〕　《中國地方志民俗資料彙編·西北卷》第 351 頁，書目文獻出版社 1989 年版。
〔註32〕　「兒童小帽謂之克擺什，以五色絨線組織之，上繫馴狐之毛，名曰玉庫爾，避邪祟也。年十三則以金絲緞及雜色綢布，製爲小帽，四時均加皮帔高帽，謂之突馬克，其式六方，頂高三四寸，後帔長尺許，皆皮裏也。戴時露口眼

　　維吾爾族的服裝，同樣具有鮮明的民族特色。據載，他們「四季戴帽。帽式不一，以金銀花線繡對稱之花。男子服飾，多圓領長袖，頗似西裝大氅，而長及地，右衽，袖小而長，下幅兩旁無衩。平時以棉布高束繞之，佩小刀於左。女衣有領而無衽，貫頭而著，內襯衫襖，垂與膝齊。……出門時恒以花布巾或網巾蒙面，此俗近亦漸廢。男女之鞋靴均以牛皮製成，靴之高者可與膝齊。」〔註33〕以上是《新疆概述》所記載，在 1947 年《新疆史地及社會》一書同樣類似的文字：維吾爾族的「服裝，右衽環帶；女子有領無衽，由頭套下，如希臘裝然，內襯長襦，不（下）與膝齊，又往往外加背心，嫋嫋然，美觀也。服尚鮮豔，酷愛手鐲、耳環。外出時多著牛皮靴，常以花布披頭。」〔註34〕這裡，基本準確地將維吾爾族的服裝敘述到位。

　　在柯爾吉茲（柯爾克孜族）中，「其服飾多與維吾爾同。身披襌襦，冬冠他瑪克，夏冠斗破；女則摺疊白布絡頭，垂背尺許。阿渾（訇）之帽，上銳而高，簷以白布綰之，厚二三寸。脫帽為敬，入門必解履。」〔註35〕

　　在新疆一帶的回族的服裝，在 1935 年《新疆史地大綱》一書裏也同樣有著記載：「其俗，四季戴帽。帽式不一，有口小上大者，有簷矮頂高者，有用皮製者，有用棉製者，形形色色，不一而足。服裝，男子古衽擐帶。女子有領無衽，穿時由頭部而下，如生子則當胸開襟，以便哺乳。內襯長襦，下與膝齊，又往往外加背心，嫋娜生風，鮮豔動人。裝飾，則不好插花，而酷愛耳環、手鐲、珠玉等物。頭戴繡金平頂圓帽，外出時，常以花巾或網巾披頭，面部不使人見。男女之靴、鞋，皆用牛、馬皮製成，靴之高者，可與膝齊，其樣仿若西式。靴之外又套以套鞋，入門時脫鞋而進，以維清潔。」〔註36〕

　　蒙古族的服裝則有其民族的特點：「衣服色尚黃、紫二者。男衣長袍背心，冬季恒著無面羊皮袍，周緣絨邊，闊至四五寸不等，頭戴瓜皮帽，腰佩鼻煙壺之類，累累如雜貨店。女子布袍無緣，耳環大而長，搖蕩多姿，手鐲戒（子）指，每多接三連四，漫無限數，貧者以銀製，富者多以金玉、珊瑚、珠寶，照耀動人。婦人禮服，則戴金絲氈帽，頂結紅絨或紅絲，長穗小幘，長袍細

　　　　於外，冬日以禦霜雪。」　見謝彬《新疆遊記》第 167 頁，中華書局 1923 年版。
〔註33〕《中國地方志民俗資料彙編・西北卷》第 346 頁，書目文獻出版社 1989 年版。
〔註34〕《中國地方志民俗資料彙編・西北卷》第 341，書目文獻出版社 1989 年版。
〔註35〕《中國地方志民俗資料彙編・西北卷》第 348 頁，書目文獻出版社 1989 年版。
〔註36〕《中國地方志民俗資料彙編・西北卷》第 335，書目文獻出版社 1989 年版。

袖，對衿而下部幾可及地，外罩長兩檔，直衿鈎邊，周以編緒。」〔註37〕

綜上所述，可以看出，每個民族的服裝都是不同的，他們各自都有體現自己民族的文化主要特徵，即使在兩個相近的民族服飾中間，也絕對不會混淆各自民族的界限，或者也可以這樣表述，每個民族的服飾特徵是十分清晰的，否則作爲一個民族的外在特徵的服裝就不可能具有存在的必要了。

在雲南，有人就發現：這三個部落（布都、碧約、卡惰）的說話是互通的。外表的區別完全在婦人的裝束上。布都和碧約婦人的裝束很奇特。青布上衣幾乎垂到膝上，前面分開，用一條佈在胸部橫束起來。在布都人，這是扣在衣服上的；但在碧約人，只是在裏面紮一條長布從前面繞過頭頂垂到後面。她們的首飾是些大的銀耳環，她們的上褂和背心的顏色，也是兩個部落不同之處；因爲碧約人常穿白色，而布都人總是穿深青色的，這兩部落中未婚的青年女子都不用包頭，而戴著青色帽子，她們的頭髮剪得只有一尺長左右。卡惰人和這兩個部落不同之點，在卡惰婦女是穿褲子的，而包頭前面垂著一些金屬的首飾。〔註38〕

而且民族聚集的地方，服裝依然是識別不同民族的綴好辦法。

據當地漢人告訴我，今日來趕集的，有好幾種部落的人。如卡惰人、普芒人、黑香人、倮羅（左加單人旁），和旱擺夷。普芒人的裝束和卡惰人相似，不過在胸前多釘了幾條很長的花帶。旱擺夷也是穿的青布衣服，但是下身穿褲不穿裙。旱擺夷是彝族的一支，他們自稱爲「泰女」。倮羅（左加單人旁）族的體格比擺夷健壯，但面貌不及擺夷清秀。〔註39〕

因此，不難看出，服裝對於一個民族而言，不僅在於它能夠遮體、保暖，而且也是一個重要的文化符號。

二、基本現狀

1、貧富之間的服裝差異

民國時期，邊疆地區相對比較貧困，因此他們的服裝一般來說，都較簡樸、平實，甚至有些不堪，當然也有地方頭領、官員和富裕者的服裝是奢華的，這兩者之間形成了強烈的反差與對比。

〔註37〕 《中國地方志民俗資料彙編‧西北卷》第 325 頁，書目文獻出版社 1989 年版。
〔註38〕 姚荷生《水擺夷風土記》第 27 頁，上海文藝出版社 1990 年版。
〔註39〕 姚荷生《水擺夷風土記》第 36 頁，上海文藝出版社 1990 年版。

　　對於棉布而言，更是如此。「貧者面不掛布，生活較優者以獐皮爲之，富者始以藍布爲面。邊地毛皮低廉，布匹價昂，如此一襲，所值甚貴，非土司、頭人無力製備。其最上者則用綢緞，更於領襟、下裾緣嵌獺皮爲飾，約值藏洋二百元（析合法幣約一百元）。誰大土司始能衣此，視爲禮服，於謁見尊長、盛宴大會之時著之。」〔註40〕邊疆地區的毛皮服裝非常普遍，很難從其毛皮服裝上來斷定，誰貧誰富，那麼從棉布、絲綢等材料的穿著來看，就立馬可以知道他們的貧富差距。1943年《青海志略》亦載：「青海除少數地方外，大都氣候寒冷，故衣服以皮毛爲主。即普通人多夏均著皮衣、毛衣，一般人用老羊皮，較富者用薄毛或洋布，豪貴及有勢力者則著綢緞。」〔註41〕這都說明，在當時綢緞、洋布等是富裕人家專屬品。

　　不過在新疆等地考察中，貧富之間的差距有時候也不那麼嚴重。根據《哈密考察》一書記載：那裡的人「衣服樸素，兵民間皆以布爲衣，而無帛者；即殷富之家，亦僅棉綢、川綢服一兩件，惟新年及喜宴、寺觴中著之，歸即藏筍中。率以布爲常，如平時衣偶華美者，人即駭異，以爲過奢。」〔註42〕

　　但是在文人的筆下，對窮人的描寫眞可謂是刻木三分。清代無名氏寫了一首《七筆勾》的詩歌，描寫了蘭州的風土人情，其中對當時的服裝也作了一定的描述：「可憐女流，兩鬢蓬鬆灰滿頭，黑漆剛刀手，膻腥猙獰口，腿褲不遮羞，驢蹄寬且厚，雲雨巫山，那見秋波溜，因此上把紅粉佳人一筆勾。沒面羊裘，四季常穿不肯丟。冬帽尖而瘦，棉褲寬而厚，紗葛不須求，袷衫且耐久，氈片遮身，被褥何曾有，因此上把綾羅綢緞一筆勾。客到忙留，乳子煎茶一甌，面餅蔥椒醋，鍋塊和鹽韭，牛蹄與羊蹄，帶毛隨入口，風捲殘雲，食盡方丟手，因此上把山珍海味一筆勾。」〔註43〕這是遊記作者住在蘭州時候記錄日記的一部分，爲什麼會在日記裏將前人的詩歌記錄下來，不排除作者以爲這首詩歌有非常精彩的文筆，能夠準確而形象地將蘭州的風土人情表現出來，那種「沒面羊裘，四季常穿不肯丟。冬帽尖而瘦，棉褲寬而厚，紗葛不須求，袷衫且耐久，氈片遮身，被褥何曾有，因此上把綾羅綢緞一筆勾」的文字，的確讓人震撼，彷彿此種情形歷歷在目，難以抹去。

〔註40〕　《中國地方志民俗資料彙編・西南卷》上第398頁，書目文獻出版社1991年版。

〔註41〕　《中國地方志民俗資料彙編・西北卷》第265頁，書目文獻出版社1989年版。

〔註42〕　《中國地方志民俗資料彙編・西北卷》第366頁，書目文獻出版社1989年版。

〔註43〕　謝彬《新疆遊記》第45頁，中華書局1923年版。

　　這種貧困的狀況，在其他地方也都有隨處可見。人們不僅缺少服裝，也缺少縫製衣服的商店。在四川偏遠山區，沒有縫衣店，其衣服大都爲自己縫紉、補綴。因此有人大驚道：「此地之特別者，爲無剃頭店及縫衣店，大概均互換剃頭，縫衣店補綴則女人男子均優爲之。土人之衣，十之七八爲牛子所成，著棉布者亦多補綴，補綴之多，爲餘生平之第一發現也。」〔註44〕既然如此，可知其衣服是多麼缺乏。

　　這種穿著的巨大差異，在民國時期邊疆地區是十分普遍的現象。

　　貧窮人家服裝表現，有以下三個特點：

　　（1）無內衣

　　據1920年《玉樹調查記》：「富者裏有褻衣，外有罩袍，如華服而寬大；貧者無之。」〔註45〕所謂褻衣，就是內衣。明沈德符《野獲編·內閣三·籍沒二相之害》：「其婦女自趙太夫人而下，始出宅門時，監搜者至揣及褻衣臍腹以下。」另，茅盾《子夜》三：「她的緊裹著臀部的淡紅印度綢的褻衣，全都露出來了。」這些都是說內衣的事。而富裕人家一般都能夠穿得起內衣，而普通百姓則「無之」了。

　　在對青海男女衣服進行比較之後，發現「婦女衣服也是圓領，身長及地，袖子甚短，剛及手腕，爲的便於作事，腰身較男子衣服略窄。裸體穿著，不用襯衣，更不換褲子。」〔註46〕這種不穿內衣的情況，在當時來說，應該很普遍的現象。正因爲這樣，在很多民族調查和旅遊報告裏都會有記載。

　　內衣大都是貴族穿著的。據記載，在蒙、藏等民族中：「一般人民不穿內衣，且以工作之方便，常袒右臂，或全袒。其高貴階級或少事工作者，多著紅色綢緞內衣，然亦不常洗滌。女子亦以穿翠綠色，或深紅色之內衣爲謹飭。」〔註47〕

　　（2）不穿褲子

　　貧困人家不穿褲子的現象，也屢見不鮮。在西康地區，貧窮「主人之子女均自外來，年十四歲矣，皆未著綺，以貧故也。」〔註48〕「男女之衣褲，

〔註44〕《西行豔異記》第1冊第1部《四川西區情形》第195頁，上海時報館1940年版。

〔註45〕《中國地方志民俗資料彙編·西北卷》第298頁，書目文獻出版社1989年版。

〔註46〕《中國地方志民俗資料彙編·西北卷》第272頁，書目文獻出版社1989年版。

〔註47〕《中國地方志民俗資料彙編·西北卷》第285頁，書目文獻出版社1989年版。

〔註48〕《西行豔異記》第2冊第2部《西康東部情形》第315頁：上海時報館1940年版。

皆破爛不堪，皮膚皆露」〔註49〕這種貧困的狀況，在其他地方也都有隨處可見。

曾經有位旅行者路過一家人家，就發現「主人外出，只一女孩在家，見余等至，臥床上不起。固問丫婢，始知女孩年已十五，本日洗袴，因無第二袴遮羞，故匿臥云。」〔註50〕或許這是一次偶然的相遇，其實而這種情況，並非少數，有人還發現在一些地方，「除省會及接近漢人之康人外，多不著褲也」。〔註51〕

當然，貧窮是不穿褲子，而不穿褲子，並不一定表示家境的貧窮，而是當地的一種風俗習慣。

根據神話傳說，女性應該穿裙子而不是褲子。在川西地區，有個邱衣伽神的傳說影響甚大，如同盤古一樣。神在製作男女之後，「神又語女曰，『女不著綺者，終身不得男之配合，』女由是不敢裸，製裙以保護之，故今日裸體之人，亦必圍裙，即此故事之影響也。」〔註52〕

在雲南一帶的民族中，這種現象已不再是神的一種指示，而是一種現實的眞眞切切的存在。根據凌純聲、芮逸夫兩位民族學家的實地考察之後，說：

> 在雲南所調查的苗人，無論其為白苗、青苗、花苗，婦女多著裙而不穿袴子。湘苗婦女則完全穿袴而不著裙子。詢諸年老苗婦，則說從前多著裙子。我們在湘西調查時，曾多方搜集，購得苗裙一條，以紅格麻布與黑條麻布相間縫成，每幅麻布上繡絨線花，此為盛裝時所著之裙。滇中之苗婦，多數著麻布裙，其裙全用白麻布製成，分為兩節，上節為單幅，下節為雙幅。如赴市集，或赴友家慶弔，則於裙外，再圍一幅，可見苗裙的作用同袴。今日湘苗婦女著盛裝時，在袴外亦再圍圍腰一幅，而不著裙此與漢人不同。〔註53〕

在 1934 年《最近之青海》一書裏說：蒙古族民眾的「男子有穿褲子者，有不

〔註49〕 《西行豔異記》第 2 冊第 2 部《西康東部情形》第 323 頁，上海時報館 1940 年版。

〔註50〕 《西行豔異記》第 1 冊第 1 部《四川西區情形》第 39 頁，上海時報館 1940 年版。

〔註51〕 《中國地方志民俗資料彙編·西南卷上》第 398 頁，書目文獻出版社 1991 年版。

〔註52〕 《西行豔異記》第 2 冊第 2 部《西康東部情形》第 413 頁，上海時報館 1940 年版。

〔註53〕 凌純聲、芮逸夫《湘西苗族調查報告》第 88 頁，商務印書館 1947 年版。

穿褲者。喇嘛、和尚無褲。」〔註54〕1920 年《玉樹調查記》也說：「男女皆不
著褲，但服圓領皮襖，要（腰）束紅帶，而垂其褚以承物。富者裏有褻衣，
外有罩袍，如華服而寬大；貧者無之。」〔註55〕

雲南，有些民族的「外貌和漢人完全一樣，都能說流利的漢話。唯一的
不同點，只是婦女的裝束。碧約女子常穿青布衣服，上衣達到膝上，下面的
裙子一直蓋到腳背，裏面不穿褲子，赤著一雙大腳。已婚的婦女頭上纏著青
布，布的兩頭在背後垂下，直到腰部左右。處女們則梳著一條大辮，頭上不
纏布而戴上一頂瓜皮式的小帽。布都人的裝束也差不多，只是裙子很短而已。」
〔註56〕這裡所說的碧約女子服裝特點介紹得很清楚。

這種不穿褲子的習俗，在中國歷史上也是長期存在的事實，而不僅僅是
在民國時期的邊疆民族中間流行。

（3）一衣多用

在邊疆地區，衣服不僅僅只作為遮體來使用，而且也是夜間裹蓋的被子。

在青海等地，「男子衣服，圓領長袍，袖與身，長均及地，異常寬大，展
開來彷彿一床大被。……到了夜間，沒有被臥，身上的衣服就算被了；沒有
枕頭，用一塊石頭上邊襯著單褲，就算枕頭；身上鋪著兩張生老羊皮，覺得
舒軟暖和，就算褥子。」〔註57〕在西康地區，「康人羊裘，不僅日以為衣，夜
復為被。」〔註58〕蒙古族同樣存在以衣當被子的情況：「睡眠向無被褥，男女
之衣皆晝穿夜覆，永不浣洗，破則棄之。」〔註59〕

1945 年《青海》一書記載：「蒙、藏人民之皮袍不僅為日間之衣服，蓋亦
夜間之被褥也。故皮袍宜長大，否則睡眠時不足護其兩足。」〔註60〕這種「衣
服明被夜蓋」〔註61〕的習慣，在很多民族中都有普遍的存在。

「末索族人約有數十人，頭戴氈帽，帽前覆伸出如箕形，長衣及踝，秋
冬大寒，則披氈，稱曰「裹氈」，自頸至腰，皆以氈圍裹，遠望之，若寺院之

〔註54〕　《中國地方志民俗資料彙編‧西北卷》第 162 頁，書目文獻出版社 1989 年版。
〔註55〕　《中國地方志民俗資料彙編‧西北卷》第 298 頁，書目文獻出版社 1989 年版。
〔註56〕　姚荷生《水擺夷風土記》第 26 頁，上海文藝出版社 1990 年版。
〔註57〕　《中國地方志民俗資料彙編‧西北卷》第 272 頁，書目文獻出版社 1989 年版。
〔註58〕　《中國地方志民俗資料彙編‧西南卷》上第 398 頁，書目文獻出版社 1991 年
　　　　版。
〔註59〕　《中國地方志民俗資料彙編‧西北卷》第 240 頁，書目文獻出版社 1989 年版。
〔註60〕　《中國地方志民俗資料彙編‧西北卷》第 285 頁，書目文獻出版社 1989 年版。
〔註61〕　《中國地方志民俗資料彙編‧西北卷》第 273 頁，書目文獻出版社 1989 年版。

鐘然。」〔註 62〕這裡，未索人所所謂的披氈，也是一種白天當做衣服，而夜裏當做被子的物品。

三、與社會自然的關係

在邊疆地區，民族的服裝與社會自然緊密關聯。其表現爲三個方面：1、是與氣候有關，2、是與生活習俗有關，3、是與服裝材料有關。

1、是衣服與氣候有關

其表現爲，如在寒冷的地方，服裝一般是用來禦寒的。西康山區，人們「四季羊皮裘：古時康人之衣惟一羊裘，男女老幼畢生四季，亦僅羊裘。亦長三四尺，袖長大過膝，圓領無鈕，旁不開岔。」〔註 63〕

天山之北則準葛（左加口）爾族所聚，男子衣圓袯長可及膝而右衽之衫，女子有領無衽。男子之帽皆刻金線之緣，夏以絨，冬以貂，女子則冬夏皆以皮，前後插孔雀毛爲飾。鞋名克西，平底者名排巴克，高底者名玉代克。皆皮質而粗率。〔註 64〕

1943 年《青海志略》：「青海除少數地方外，大都氣候寒冷，故衣服以皮毛爲主。即普通人冬夏均著皮衣、毛衣，一般人用老羊皮，較富者用薄毛或洋布，豪貴及有勢力者則著綢緞。顏色喜用紅、黃、紫三色，亦有用藍色、黑色者，灰白二色，及認爲禁色。衣服之製法，男女不相同。男衣，圓領長袍，袖及膝，身長及地，異常寬大，一經伸長，廣如床被，衣無紐扣，僅將前後裾提至膝蓋，用大帶緊緊束腰，所有雜物均放懷中，前後俱有口袋之作用。足部穿長統皮靴，單褲冬夏不換，夏來赤足。帽子高圓尖頂，氈其內而布緣其外，羊毛、狐皮不等，亦有用獺皮者。入夜，衣服兼作被褥，衣外裹以老羊皮。女衣，大致與男子相同，惟袖短僅及腕下，更下則略窄，褲下裹。」〔註 65〕

到了夏天，邊疆民族同樣有各種防禦夏暑的方法。

〔註 62〕《西行豔異記》第 2 冊第 2 部《西康東部情形》第 252 頁，上海時報館 1940年版。

〔註 63〕1941 年《西康綜覽》，《中國地方志民俗資料彙編・西南卷上》第 398 頁，書目文獻出版社 1991 年版。

〔註 64〕《西行豔異記》第 3 冊第 5 部《從青海到新疆》第 539 頁，上海時報館 1940年版。

〔註 65〕《中國地方志民俗資料彙編・西北卷》第 265 頁，書目文獻出版社 1989 年版。

　　根據 1934 年《最近之青海》一書的記載，蒙古族「無論男女，冬夏皆戴一尖帽，上綴紅纓以爲美飾。」〔註66〕與蒙古族不同的是，赫哲族有了自己的夏天所戴的帽子，這種帽子是用樺樹皮來製作。「赫哲人用樺樹皮做夏帽，以遮日光，並以禦雨。帽式爲錐形。」製作方法：「用樺皮一大塊卷成錐形，以麻線縫連而成。邊緣裏外均有樺皮粘邊。連縫處用松脂塗抹，以防漏水。帽內有帽箍，徑約 18cm，亦爲樺皮所製。帽面有花紋。有時用刀雕刻。」除了夏帽之外，赫哲人還有特製的夏天用的防蚊帽，「夏天在山中打獵，蚊蠓甚多，赫哲人特製防蚊帽以防之。」〔註67〕還有防蚊夏帽，就是將防蚊帽去頂，縫在夏帽的帽箍即成。

　　在南方，由於天氣的關係，人們的服裝也與之相適應。水擺夷（即今傣族）是生活在雲南西雙版納等地的民族，那裡的女性「短衣的裏面平常著一件小背心。天氣很暖或者工作劇烈時往往把短衣脫掉，更熱的時候連背心也一樣脫掉，把桶裙提起來遮住乳房。天氣很冷的時候就在短衣的外面，加上一件薄薄的黑色的棉襖，式樣像短衣，只是稍爲寬大一點。至於下身，則不論寒暑，總只穿一條單的桶裙。」〔註68〕她們衣服的顏色，與天氣也有一定的關係，「上衣的顏色尚白，淡綠和粉紅也是她們喜愛的顏色。因爲她們勤於洗滌，所以永遠潔白得像纖塵不染。」〔註69〕和男子一樣，她們也喜歡包頭。質料多半是人造絲的綢子，因爲顏色鮮明，價格便宜，最適合她們的脾味。以前的包頭是黑布的，像一頂方巾，前面鑲著一條金絲的帶子。〔註70〕

　　這些文字，雖然寥寥數語，就將歷史上的水擺夷服裝的大概輪廓作了一個敘述，眞實地展現了當時的服裝文化及其特徵。

　　總體而言，民族服裝的功能性非常強，無論是寒冷的東北、西北等地，還是在炎熱的南方區域，邊疆民族的服裝主要還是講究其遮體、保暖的作用，因此，氣候的暖與寒，對於生活在不同地區的民族來說，其對於服裝的喜好以及要求也是不同的，當然在有可能的情況下，他們也注意服裝的美觀，但與其實用性來說，顯然是微不足道的。

〔註66〕　《中國地方志民俗資料彙編‧西北卷》第 162 頁，書目文獻出版社 1989 年版。
〔註67〕　凌純聲《松花江下游的赫哲族》第 74 頁，上海文藝出版社 1990 年版。
〔註68〕　姚荷生《水擺夷風土記》第 95 頁，上海文藝出版社 1990 年版。
〔註69〕　姚荷生《水擺夷風土記》第 95 頁，上海文藝出版社 1990 年版。
〔註70〕　姚荷生《水擺夷風土記》第 95～96 頁，上海文藝出版社 1990 年版。

2、是與生活習俗有關

　　如在西康地區，人們的服裝「腰間束帶，提裙及膝，臃衣成囊，放置日常用物。衣袖反卷，右臂常裸，袖口紮於艘帶。謁見尊長，以右袖搭臂上以爲禮。」〔註71〕在新疆，「人民都衣皮裘或袷袢，平日以帶圍腰，使過長部分不拖及地，藉腰帶之束，在胸前可置各種食物。」〔註72〕「蒙人衣著，則窄袖長褂，富者絹帛，貧者棉布，長帶束腰，繫以煙袋、火石等。」〔註73〕

　　這裡可以看到，民族服裝大都沒有口袋，如果需要捎帶東西，就束緊腰帶，這樣就具有口袋的功能。青海地區，男子「光著身子穿，上邊沒有紐扣，用一根帶子束著，下擺提至膝蓋上邊，下半截衣服隆起如口袋。這也有用意：第一，走路方便，困不著腿子；第二，如有攜帶的東西，便放在衣服裏，省得提攜。」〔註74〕

　　在牧區，藏族「男子則腰間斜掛番刀。女人不帶刀而帶奶勾，爲擠奶時用；」〔註75〕無論是男子掛刀還是女子帶奶勾，都是爲了使用的方便。

　　除此之外，民族服裝非常講究顏色，以及其他飾品的搭配，使之產生功能的區別和美的效果。

　　藏民「以紅、黃、紫、赤爲上色，藍、黑、青、白爲下色。無論男女，冬夏皆穿大領長袖之皮襖，偏袒露肩，頭戴氈帽，腰束皮帶，足穿皮襪。婦女不著下衣。」〔註76〕而西康地區的人也注重服裝的顏色：「伊之衣料爲牟子，一切均極闊大，長可及膝。衣之色凡三：一紅，一白，一黑，日間外出，則著裙，裙之色亦如之。上山作工，始著短褲。」〔註77〕在東北，許多地方各種民族互相雜居，從而形成大都相同的色彩愛好。例如 1928 年《樺川縣志》統計：縣有許多回、滿、赫哲、漢等民族共同居住，其穿著各自不同，但都好灰色，而女子則喜歡好看的顏色：「樺川男服，多用毛呢，色尙灰，小農多

〔註71〕　1941 年《西康綜覽》，《中國地方志民俗資料彙編・西南卷》（上）第 398 頁，書目文獻出版社 1991 年版。

〔註72〕　《中國地方志民俗資料彙編・西北卷》第 346 頁，書目文獻出版社 1989 年版。

〔註73〕　《中國地方志民俗資料彙編・西北卷》第 240 頁，書目文獻出版社 1989 年版。

〔註74〕　《中國地方志民俗資料彙編・西北卷》第 272 頁，書目文獻出版社 1989 年版。

〔註75〕　《中國地方志民俗資料彙編・西北卷》第 162 頁，書目文獻出版社 1989 年版。

〔註76〕　《中國地方志民俗資料彙編・西北卷》 第 162 頁，書目文獻出版社 1989 年版。

〔註77〕　《西行豔異記》第 1 冊第 2 部《西康東部情形》第 209 頁，上海時報館 1940 年版。

以緞，或用作裏，有合衣錦尚絅之意。女子多華服，其樸素者，非舊家即寒族也。」〔註78〕

　　在衣服、鞋帽等物品上進行裝飾是民族服裝的一個特色。

　　在北方，滿族喜歡在旗袍上繡著各種花紋。據 1934 年《莊河縣志》記載：「滿女馬褂有長至踝者，其旗袍亦有緣邊繡花者。」〔註 79〕在南方，有的民族在鞋子與褲子的邊緣進行裝飾，鑲上紅棉線，而衣服上則用銀質的紐扣。有考察者就這樣觀察到：「女之足大於余足幾二倍，纏白布二三匝，著青布鞋，鞋緣爲紅棉線帶所鑲，袴口亦然。衣之右襟爲曲式，五扣作五種式樣。第一扣爲銀質，想此衣必伊最好之衣也。」〔註 80〕在赫哲人的服裝裏，同樣也講究美觀：「皮與皮連縫處，用狹皮一條，輯在縫隙。大小袄幾不分，其中多皮一條者爲大袄，著時露在外面。領口有銅紐一粒，袄上有皮帶三道，用以代紐。領高 13cm，長約 70cm，領長於領口，衣之周圍無紋。」〔註 81〕顯然，這種領口釘上銅紐扣、袄上有皮帶三道的做法，一方面是生活實用的需要，同時也是爲了美觀而加以製作的。這種實用、美觀並重的服裝原則，在民族整體裝扮裏隨處可見。

　　1934 年《最近之青海》一書記載：蒙古族「婦女穿長領皮襖，以銀質碗及琥珀、瑪瑙各物裝置胸前或背後，以爲裝飾。」〔註 82〕蒙古族婦女的這種服飾，表達的是具有一定身份的文化，是其民族的特徵之一。姚荷生《水擺夷風土記》記載了卡惰婦女穿戴飾品服裝的情景：「第二天早晨李局長喚來四個卡惰婦女，給我們照相，她們穿上最好的衣服，頭纏青布。青色上衣鑲著兩道藍邊，耳戴著直徑三四寸的大銀環，其中有一位新娘，穿得更花梢一點，頭上胸前多了些銀飾，見了我們，很有點害羞的樣子。」〔註 83〕這樣的描述，很真實地將卡惰婦女以及她們的服飾表現得出來，栩栩如生，如影相隨。

　　這種表現服飾的記載有很多，然而在髮辮、手腕、頸項等處進行精心裝飾的更多，也是產生民族服裝整體效果中重要的步驟，也是其服裝的一個重

〔註78〕　《中國地方志民俗資料彙編・東北卷》第 479 頁，書目文獻出版社 1989 年版。
〔註79〕　《中國地方志民俗資料彙編・東北卷》第 151 頁，書目文獻出版社 1989 年版。
〔註80〕　《西行豔異記》第 1 冊第 2 部《四康東部情形》第 156 頁，上海時報館 1940 年版。
〔註81〕　凌純聲《松花江下游的赫哲族》第 74 頁，上海文藝出版社 1990 年版。
〔註82〕　《中國地方志民俗資料彙編・西北卷》第 262 頁，書目文獻出版社 1989 年版。
〔註83〕　姚荷生《水擺夷風土記》第 34 頁，上海文藝出版社 1990 年版。

要的組成部分。

A、裝飾髮辮

藏族女性「髮披散，喜束小辮，多者百餘根，裝以紅、黃布袋，名曰『辮袋』，上綴銀質圓形之碗爲飾，間有鑲以珊瑚、寶石之類，富者動以百金。」〔註84〕以上爲貴族女性所佩戴的髮辮之飾品，而貧困人家婦女則用不太值錢的東西來裝飾：「貧窮則有戴銅、石者，重可數斤。」〔註85〕在藏族地區，這種髮辮風俗十分盛行，不僅如此，其他地方的婦女往往也會以拉薩的裝飾習俗爲主要標誌而加以模仿。有旅行者就發現：「此間之婦女，多帶有拉薩之驕奢習慣，頭髮自前額至後頸，左右分平，梳爲五六小辮，始合爲一髻，左右最下及耳際之髮，皆以人工使其捲曲，插木及銀製而鑲有翡翠玉珊瑚珍珠瑪瑙寶石等物之裝飾品七八事（原書誤，應爲「件」），耳環甚長，幾及肩，若衡其量，則至少當有一百五十格蘭姆也。戒指、覆髮之珠圈、壓領之圈，及串珠臂間之珠圈及手鐲、右襟上之牙籤挖耳，皆爲每一婦女必不可少之裝飾物。衣長大寬博，而鑲以極寬之花邊，出外則戴面罩，（防風霜護皮膚者，）披合衫，衫前必有一極大而圓之金屬物，多半自製德格人之手，有花鳥蟲魚山水神佛等類，雕刻頗精緻。」〔註86〕

B、裝飾手指、手腕

手腕與手指，也是民族婦女喜歡用來裝飾的地方。哈薩克的「婦女多喜金鑽爲飾，如金釧、珠環、寶石戒子（指），恒滿手滿頭以爲榮」。〔註87〕

C、裝飾耳部

在寧夏地區，「農村婦女，喜著大紅衣裳，裝飾品有耳墜、手鐲、花粉等物」。〔註88〕

D、裝飾頸項

在南方，「苗婦的飾物有項圈、耳環、手鐲、戒指、銀索、銀牌等。項圈有絞絲圈與排圈之別。前者平時多戴在項上，排圈則合大小三環而成，亦有多至五環者，與今日黔苗所用者相同。其餘飾物，多於漢族婦女所用者大同

〔註84〕《中國地方志民俗資料彙編・西北卷》第162頁，書目文獻出版社1989年版。

〔註85〕《中國地方志民俗資料彙編・西北卷》第265頁，書目文獻出版社1989年版。

〔註86〕《西行豔異記》第1冊第2部《西康東部情形》第506頁，上海時報館1940年版。

〔註87〕《中國地方志民俗資料彙編・西北卷》第324頁，書目文獻出版社1989年版。

〔註88〕《中國地方志民俗資料彙編・西北卷》第240頁，書目文獻出版社1989年版。

小異。」〔註89〕

而這些裝飾都與他們的生活習慣有著直接的關係，也是他們生產狀態與審美心理的最直率的表現。

有些民族，十分講究身體與服裝的搭配，傣族的女性就很講究，「身體的線條她們也並不忽略，因爲上衣緊貼著身上，胸部和臀部的曲線可以清楚地表現出來。胸部以飽滿堅實，呈半圓形的曲線爲美。胸部以下最重要的是腰部，她們最講究細腰，在一般人的心目中，甚至覺得細腰的人就是美人，美人也必定細腰。」〔註90〕對於她們來說，身體的裝飾，最重要的是衣服，幾百年來，婦女的裝束似乎沒有什麼改變，因爲她們早就穿「短衣桶裙」了。她們的上衣確是很短，剛達腰間。沒有領，很像和尙的衣服，也沒有紐扣，只在右邊腋下釘著兩條布帶，緊緊地打一個結，下面的衣服因此稍呈波狀。出手和袖口都很窄，緊貼在玉臂上，充分表現出女性的曲線美。下身不穿褲子，只寄（應爲繫——筆者注）一條桶裙，所謂桶裙者，因爲它的式樣像一隻沒有底的桶子。只要把一段布的兩頭連起來，就成功了。〔註91〕

由於傣族生活在熱帶多水的地方，因此他們的服裝會與此相適應，長期以來，這種習俗沒有改變。明朱孟震《西南夷風土記》:「男髡頭，長衣長裾；女堆髻，短衣桶裙。」男子的「長衣長裾」現已不存，而女性的短衣桶裙卻還保留，可見這種服裝：一是能夠適應炎熱的生活環境，二是能夠表達美的一種感覺。

3、是與服裝的材料有關。

在西康地區，由於盛產羊毛，人們往往用羊毛來紡線織布，製作氆氇，可以成爲上等衣料：

> 莫（底加毛）子與氆氇　康人績毛爲線，織而成布，曰「莫（底加毛）子」，婦女多以爲職。其質純係羊毛，細者外觀似呢，昌都產品甚佳，瞻對次之。粗莫（底加毛）若麻布，康定售者最多，亦銷漢人，雅安以西各縣低級人民多衣乙，惟嫌幅面甚窄，不及一尺。西藏人紡羊毛爲細線，施成薄莫（底加毛），曰「丑」，漢人呼爲「氆氇」，有如嗶嘰，其色或紅或赭，爲康人上等衣料。倘能改良製法，

〔註89〕 凌純聲、芮逸夫《湘西苗族調查報告》第 89 頁，商務印書館 1947 年版。
〔註90〕 姚荷生《水擺夷風土記》第 93 頁，上海文藝出版社 1990 年版。
〔註91〕 姚荷生《水擺夷風土記》第 94～95 頁，上海文藝出版社 1990 年版。

運銷內地，供用既多，漏卮亦塞矣。康地勞工均只一衣，非至爛盡
不脫不洗。袖領、前襟油垢光耀，殊嫌欠沽。」〔註92〕

在滿族，衣服則是要經常拆洗的，而且「衣之拆洗者，必用澱粉、漿糊以杵
搗之，使滑光而後可。原料多爲棉花大布、市布、毛布、手工山絲等。其制
式約係單、夾、棉之短衣褲及袍、衫、襖、鞋、氈笠、草帽、粗呢帽、粗布
被褥等。」〔註93〕這些都與滿族比較發達的經濟狀況有著直接的關係。他們
不僅有棉織品、絲織品，而且還有與之相關的各種衣、衫、袍、鞋、帽等，
極大地豐富了他們的服裝文化。

在一些民族地區，由於不種植棉花，因此棉布十分缺乏，如西康地區：「彼
等之衣料，棉布甚少，牛羊毛織成之厚牟子極多，聞其衣多著至四五年或六
七年始卸下。」〔註94〕

而赫哲人卻用魚皮來製作衣服，這是他們生活在松花江下游，以捕魚爲
主要經濟來源，因此他們用魚皮來製作衣服，就成爲理所當然的事情。「赫哲
人的衣服，夏用魚皮」〔註95〕，由於魚皮「成熟則軟如棉，薄而且堅」〔註96〕，
適合製作衣服。而做衣服的魚皮材料，赫哲人用鮑魚、鮭魚、遮鱸魚、三種
魚皮較多。狗魚皮亦可以做衣料，可染彩色，剪成花邊作衣服的貼邊，及裝
飾皮用。鱘魚皮，除了做衣料外，又可做皮條。〔註97〕

赫哲族的魚皮女衣，長 11.45cm，衣分兩節，如昔日漢族夏天所穿接衫，
下節用長 41.5cm，闊 13.5cm 的魚皮拼縫而成；皮染藍色，大袪下衩，有紅、
紫白三色緄邊，上節亦用魚皮拼縫，其拼法甚爲複雜，先拼成背心形，四周以
魚皮製成的堆花邊緄邊，最後上衣袖，胸前背後，均爲堆花裝飾，製作精緻。
上節魚皮大都染紫色，堆花邊有藍色、紅色及紫色三種，上下兩節連接處亦綴
有堆花邊。花邊與堆花的做法甚精細，以狗魚皮染各種顏色，剪成花樣，另以
本色魚皮一塊爲底，即以花樣緝在其上，縫衣輯花，均用鹿筋。〔註98〕

〔註92〕1941 年《西康綜覽》，《中國地方志民俗資料彙編·西南卷》（上）第 398 頁，
　　　　書目文獻出版社 1991 年版。
〔註93〕《中國地方志民俗資料彙編·東北卷》第 151 頁，書目文獻出版社 1989 年版。
〔註94〕《西行豔異記》第 1 冊第 2 部《西康東部情形》第 211 頁，上海時報館 1940
　　　　年版。
〔註95〕凌純聲《松花江下游的赫哲族》第 71 頁，上海文藝出版社 1990 年版。
〔註96〕《中國地方志民俗資料彙編·東北卷》第 380 頁，書目文獻出版社 1989 年版。
〔註97〕凌純聲《松花江下游的赫哲族》第 72 頁，上海文藝出版社 1990 年版。
〔註98〕凌純聲《松花江下游的赫哲族》第 72 頁，上海文藝出版社 1990 年版。

　　另外，還用魚皮製成套袴、綁腿、鞋子等。

　　套綺的「製法甚簡單：用兩塊魚皮縫成，袴之上端爲平口，不如漢人套袴成斜口的適用；下管無緄邊，上管即以魚皮折成貼邊，邊口附有一環，上扣一皮帶，以便紮結。如有破洞，常以獸皮綴補。」〔註99〕用魚皮製作的綁腿，是「用兩條長魚皮連綴而成。一端稍闊爲平頭，附有魚皮帶，長 23cm，闊 1.4cm，一端成尖梢形，附有長 44cm，闊 0.5cm，魚皮帶兩條。綁腿爲出獵時必需之物，平時家居不用。」〔註100〕利用魚皮製作的鞋子，「如中國的布襪，底長 24cm，高 18cm，做法：底與面不分，用長 33.5cm，闊 21cm 的魚皮一塊，在皮的一端中間剪一縫，長 6.5cm，再剪一半圓，半徑長 4.5cm，鞋頭以魚皮翻轉，皺疊縫在鞋蓋上，另以魚皮一張縫在皮鞋上爲鞋統。魚皮鞋最大得到用處，冬日出獵在雪上行走不滑。現在的赫哲人尚多用之。」〔註101〕

　　從以上赫哲人的用魚皮來製作的給各種各樣的衣服及其相關的物品，就與他們的生產直接關聯。

　　另外，服裝與社會緊密相關方面，主要表現在：邊疆民族的服裝與漢族的服裝有著直接的影響。

　　由於歷史、政治、經濟等原因，漢族的服裝在不斷地進步與發展，對其他民族產生了一定的影響，這是一種客觀事實。

　　根據凌純聲、芮逸夫在湘西苗族的調查，發現：「今日湘苗的衣式，無論男女，多大小異，可說完全漢化。男子以黑布裹頭，青布或者黑布短衣褲，黑布帶束腰，跣足。」〔註102〕苗族男性服裝已經漢化，而「湘西苗婦女衣服，與清末內地農家婦女服式相同，衣長不過膝，闊邊裾袂，袴管袖管，雖家常衣服，亦多裾以花邊。其製法及配色與漢人略異。苗婦說穿家常衣服，多以闊邊裾大袂，距闊邊曰一公分，再加上狹邊一條，闊約二公分。兩邊之間，又嵌縫色布或絨線一條。衣袖亦裾邊一道或兩三道，惟多無領。」〔註103〕

　　在帽子製作方面，赫哲人同樣受到漢族文化的影響。赫哲族的「水獺皮冬帽，頂用數小塊皮拼縫而成，有如中國做西瓜帽法，皮毛向外，內襯漢人輸入的布料，帽下左右，縫皮兩塊爲暖耳，暖耳裏用長毛水獺皮。冬冷則垂下，天

〔註99〕凌純聲《松花江下游的赫哲族》第 72 頁，上海文藝出版社 1990 年版。
〔註100〕凌純聲《松花江下游的赫哲族》第 73 頁，上海文藝出版社 1990 年版。
〔註101〕凌純聲《松花江下游的赫哲族》第 73 頁，上海文藝出版社 1990 年版。
〔註102〕凌純聲、芮逸夫《湘西苗族調查報告》第 77 頁，商務印書館 1947 年版。
〔註103〕凌純聲、芮逸夫《湘西苗族調查報告》第 77 頁，商務印書館 1947 年版。

暖則上翻以為裝飾。赫哲男女所戴冬帽，同一形式，並沒有分別。」〔註104〕很明顯，這種來自漢族地區的布料，以及漢族對帽子的製作工藝對赫哲族的影響是客觀存在的。

　　湘西的苗族的服裝同樣也受到漢族文化的影響，在雲南的水擺夷男子的服裝同樣與漢族傳統的衣服類似。據當時的風俗調查：傣族（水擺夷）男子的衣裳，幾乎與漢服完全一樣，上衣像漢人的短褂，也是對襟，大袖，布紐扣，不過沒有衣領。褲子像漢人的大管褲，只是稍短一點，剛過膝蓋。衣裳的顏色以青黑二色為主，白色的和有花的雖然也有人穿，究竟是極少數。材料普通是從思茅來的玉溪粗布。當然也有些土司頭人們穿絲綢的衣服。天冷的日子就在身上披一條毛毯，有時連頭部一齊裹起來，只留眼鼻露在外面。當夜間和愛人談情時，還可以籍口天冷，把她也裹到懷裏。這種毛毯是英國貨，從緬甸運來，顏色很鮮豔，花樣也熱鬧，是他們最珍重的財產和最喜愛的冬服。〔註105〕同樣，在西康地區。「男子之服裝，與漢人同，女子則頭覆方巾，短衣短袖，露肘，著短褲，作工時，繫圍腰，宴樂時，著淺紅色薄紗裙。冬寒，男女肩上皆披羊皮，名曰『達達』。」〔註106〕雖然，這些民族的服裝受到漢族文化的影響，但是也都有自己民族的文化。例如毛毯、達達都屬於他們民族的服裝的一個組成部分。

　　根據地方志記載，回民的「男女服飾，大致與漢人相同，男女無論冬夏，皆戴一平頂小帽。婦女無論冬夏，皆以綠綢作古風帽式之帽，凡出門必戴之，名曰『蓋頭』。又有被臉冪者隨步行，亦佩戴之。」〔註107〕這裏，回民的服裝一方面受到漢族的影響，同時也應該看到其服裝依然有自己的特色，從某種意義來說，正是這種具有特色的服裝，也使其有了更加鮮明的民族文化的色彩。

四、生產與交易

　　邊疆民族的服裝及其面料的生產與交易都有自身的特徵，代表的是一個社會發展階段的文化。

〔註104〕凌純聲《松花江下游的赫哲族》第 73～74 頁，上海文藝出版社 1990 年版。
〔註105〕姚荷生《水擺夷風土記》第 97 頁，上海文藝出版社 1990 年版。
〔註106〕《西行豔異記》第 2 冊第 2 部《西康東部情形》第 252 頁，上海時報館 1940
　　　　年版。
〔註107〕《中國地方志民俗資料彙編‧西北卷》第 162 頁，書目文獻出版社 1989 年版。

1、生產衣服，一般就地取材

在北方民族中，人們往往利用動物的皮毛來製作衣服，這一方面是由於動物的皮毛容易保暖，更重要的一方面是這些動物的皮毛一般都來自當地，有比較充足的來源。比如赫哲族的衣服很多都是用動物皮毛製作而成。鹿革男長衫：「春秋兩季，赫哲人男子常穿鹿革做的長衫，式樣如中國男子所穿著的長衫而稍短。領長於領口。衣之前擺開有一長叉，在叉的上端縫紐一道或兩道。」〔註108〕除了鹿皮衣服之外，還有麅皮短襖、麅皮袴、麅皮套袴、鹿皮背心等。

西北地區，「春、秋、冬三季衣服，皆為皮製，夏日多穿氆氇大衣。較富者內襯夾袍，貧窮者則依舊皮襖，或竟袒臂。多雨時節，則御氈襖。氈襖，以羊毛所壓成三四公釐厚之衣服，表面光滑，不留水，不滲雨，即所謂『無縫衣』也。」〔註109〕這裡，將製作「氈襖」的方法告知世人，是特殊的衣服，是西北民族智慧的結晶。這種特製的表面光滑、防止被雨淋的衣服，是就地取材的羊毛加工而成的，無疑是一種奇迹。

赫哲族為了預防寒冷，在鞋子內塞有烏拉草。這種烏拉草，是東北三寶之一，也是當地隨時可見的東西。赫哲語「烏拉」即是鞋。這種草專以墊鞋子，所以叫他烏拉草。據赫哲人說：麅皮襪穿在鞋中，擠緊而不舒服，又不甚暖和，並且多走路出了汗凍腳，不如烏拉草的能收汗而又暖和。

青海地區，大部分地處高寒，「只有一二處天氣稍為和暖，其餘均屬寒涼地方，雖在盛夏，山上常有積雪。所以，他們的衣服以皮衣為宗，終年不大更換。稍有財產的，夏月穿穿薄毛皮衣；普通人冬夏都是長毛皮衣。這種長毛皮衣，用老羊皮作成，間有粗洋布作面子的，但亦不常穿。家財富足的人、頭目人等，用緞子打面子，外面既係緞子，裏面就用薄毛，決不用老羊皮；縱然天氣過冷，他還是不穿長毛，只管一層、兩層套著薄毛皮衣。有時凍的不得開交，亦只咬著牙關硬耐，以為體面攸關，穿了長毛，怕人恥笑。」〔註110〕這裡，可以知道，穿著皮毛的衣服的人，在青海也開始逐漸分化。普通百姓穿長毛皮衣，而有錢人則不喜歡長毛羊皮，即使冷得直咬牙關也不願意，生怕別人恥笑。這是因為皮毛衣服成為了一種不同階層的標誌，有地位的頭人和有金錢的富裕者為了表

〔註108〕 凌純聲《松花江下游的赫哲族》第 74～75 頁，上海文藝出版社 1990 年版。
〔註109〕 《中國地方志民俗資料彙編·西北卷》第 285 頁，書目文獻出版社 1989 年版。
〔註110〕 《中國地方志民俗資料彙編·西北卷》第 271～272 頁，書目文獻出版社 1989
年版。

示自己的尊嚴或者與眾不同，都不願意與老百姓穿著相同，這是根本的原因之所在。

在新疆等地，穿著皮毛衣服的原因就在於當地沒有棉花種植。1947 年《新疆概述》一書說：人民穿著衣皮，是因為此種服飾，為牧民最合宜之式樣，且不用棉被多用毛製品，此示牧民最初無棉花之種植也。〔註 111〕

寧夏地區，也是非產棉區，故 1947 年《寧夏紀要》一書就記載：「寧夏以非產棉區，故衣的問題較為困難。……冬日則著皮裘。所戴之帽。式樣不一，大都以氈帽、緞帽、皮帽或呢帽為主。所穿之鞋，冬日多為高底氈鞋，取其輕暖故。貧苦人民多常穿著無面的老羊皮襖」。〔註 112〕由於非產棉區，他們的衣服來源主要是靠當地的皮毛。蒙古族「冬則概衣皮裘。冠則各旗各式，有尖、圓、平、方等形。所穿靴，男女一式，前尖後仰，皆以牛皮製成。」〔註 113〕

以上材料，都證明了這樣一個事實：在生產、交易不發達地區，其衣服原料的來源一般都是當地的資源，自給自足是最基本滿足生活需要的方法，這也是民國時期邊疆地區民族的服裝文化的真實狀況。

2、服裝貿易，一般為簡易交換

商品交易在民國時期的邊疆民族地區依然不發達，服裝貿易同樣如此，只能作一般的簡單交易活動。

在西南民族中間，「買布至一匹或一匹以上者，則其人必有婚姻等事，或新有大宗金錢之收入。貿易之人，多屬婦女。人人之背，負一竹簍。」〔註 114〕這裡可以看出兩點：一買賣布料都為特殊的原因，不是婚姻，就是突然有了很多錢。二做買賣的人大都是女性。這是比較典型的處於原始社會晚期的交易活動的性質。在綏遠地區，還存在物物交換的現象，當時就有人觀察到這種情況：「陪幸生至公合公司買回絨二疋。該公司有資本六七萬。與錦泰亨興泰隆等四五家，皆為張庫間大商店，常以內地之磚茶綢緞至庫倫，易回絨麝香香狐皮羚羊角鹿茸俄登油等物歸。」〔註 115〕用綢緞來

〔註 111〕　《中國地方志民俗資料彙編·西北卷》第 346 頁，書目文獻出版社 1989 年版。
〔註 112〕　《中國地方志民俗資料彙編·西北卷》第 240 頁，書目文獻出版社 1989 年版。
〔註 113〕　《中國地方志民俗資料彙編·西北卷》第 240 頁，書目文獻出版社 1989 年版。
〔註 114〕　《西行豔異記》第 1 冊第 2 部《西康東部情形》第 154-155 頁，上海時報館 1940 年版。
〔註 115〕　《西行豔異記》第 3 冊第 5 部《從青海到新疆》第 622 頁，上海時報館 1940 年版。

換取邊疆地區的麝香、鹿茸、羊角等物,是典型的物物交換形式。這種「易回」的方式是一種低級的經濟貿易形態,但卻是最直接、簡單的取得自己需要的方式。

在一些經濟稍微發達的地區,衣服的原料取得的方式與以前有了不同,可以直接從其他地方輸入。在寧夏,「普通衣著原料所產之皮毛,及外埠輸入值布匹、綢緞、呢絨等。以本省氣候春秋日尚冷,故人民喜穿夾衣、棉服,如棉袍、棉褲等;至天暖之夏日,則以綠、藍、白色布料或綢料之單衣是尚」〔註116〕而這些棉布原料是從其他地方輸入而來,

輸入衣服原料的工具,過去依靠車載人挑,在靠近江河的地方,一般都用輪船來運輸。根據 1924 年《江津縣志》記載:「綢緞多由萬縣分貨,輪船通行,間有購之滬、渝者,非其恒也。縣人不尚羅綺,向者小河口雜貨布店兼有售之。近城中始有專其業者。布匹、繩帶、婦女針黹小品,常有小販以竹篋簀(擔)走鄉村,搖小鼓街賣,曰『貨郎』。」〔註117〕當然僅僅靠輪船是不能將布料直接送到買家的手裏,還需要小販的走街串巷,才能將衣服布料送到需要者手中,這就是貨郎。貨郎在經濟不發達地區,起到了買賣兩家牽線搭橋的作用。

在雲南等地,有些衣服的材料除了從景棟、思茅、玉溪等城市輸入,有的還是從國外(如英國、緬甸、泰國等)進口的,特別是他們喜歡的服裝面料。在傣族,「衣的材料普通是布,但貴族婦女也用綢的。近來人造絲的料子也漸漸流行,這些都是景棟和思茅輸入的。桶裙的材料則是她們自己織成的。底子是墨綠色,有一道尺餘寬的各種顏色的橫紋,製成裙子,剛好在臀部圍了一道彩圈。桶裙下部的裏面釘著一圈白布,露出裙外寸餘。土司家的婦女,也用中國的軟緞或英國的呢絨縫成裙子的。還有從暹羅輸入的特製的緞桶裙。」〔註118〕

水擺夷服裝的 「材料普通是從思茅來的玉溪粗布。當然也有些土司頭人們穿絲綢的衣服。天冷的日子就在身上披一條毛毯,有時連頭部一齊裹起來,只留眼鼻露在外面。當夜間和愛人談情時,還可以籍口天冷,把她也裹到懷

〔註116〕《中國地方志民俗資料彙編・西北卷》第 240 頁,書目文獻出版社 1989 年版。
〔註117〕《中國地方志民俗資料彙編・西南卷》(上)第 290 頁,書目文獻出版社 1991 年版。
〔註118〕姚荷生《水擺夷風土記》第 95 頁,上海文藝出版社 1990 年版。

裏。這種毛毯是英國貨，從緬甸運來，顏色很鮮豔，花樣也熱鬧，是他們最珍重的財產和最喜愛的冬服。」〔註119〕

從國外進口服裝面料，在民國時期或許是邊疆地區主要的貿易形式，但也有出口國外的產品。例如：「西藏主要出產物，為羊毛，年輸出者約二千萬斤上下，自用者約三萬萬斤，犛牛尾輸入印度、波斯、阿富汗等地，山羊毛之二毛所織氍毹披肩，年銷印度約十萬尺」〔註120〕，因此可以看出，用羊毛編織的氍毹是西藏用以出口的主要產品。

買賣是一種相互需求的結果，只有具有地方特色的產品，才能夠促使買賣的成功。由於這種原因，在民族地區只有將自己富有特色的產品或者原料拿來進行買賣，才能獲得比較好的結局，如赫哲族的貴重皮料賣給商人。過去赫哲人製作大氅的原料用的是貂皮、水獺皮等，為了解決生活困境，有時候不得不將貴重的皮料賣給收購的商人，並將大氅製作的衣料改用麅皮。而穿著大氅是赫哲人的一種習俗，這是因為「赫哲人的居屋，現在都倣仿滿洲式，冬日燒炕，室內尚暖和，無須多著衣服，出外必須著大氅，目下赫哲人的生活，日見窮困，貴重皮料均售於中國皮商；現在大氅，大都為麅皮所製。」〔註121〕雖然人們穿著大氅的習慣沒有改變，而製作大氅的皮料發生了改變，不再使用貴重的動物皮毛，卻改用普通皮毛，也是不得已而為之的事情。正因為如此，「魚衣套褲，魚皮靰鞡，麅皮衣、麅皮被、麅皮手悶，雖赫哲族人亦不多見矣。」〔註122〕關於這一點，還有記載說，赫哲族「做冬衣的原料用鹿、麅、貂、水獺、灰鼠、獾等獸皮，而以麅、鹿皮為多。赫哲人從前用貂皮做冬帽，現在的貂日見減少，且因漢人與俄人出重價收買，他們自己簡直不再用貂皮做帽子。現在所戴的帽大都用鹿皮做的。」〔註123〕這些材料都說明了，貿易經濟的發展，改變了人們的穿著習俗，也打破了人們傳統的交易觀念。

在邊疆民族服裝貿易方面，也有其獨特的交易方式。凡是「大宗貿易，則均在室內舉行。先看貨樣，再議價值。議既定，即取貨。如非立刻出棧者，

〔註119〕姚荷生《水擺夷風土記》第 97 頁，上海文藝出版社 1990 年版。
〔註120〕《西行豔異記》第 3 冊第 4 部《神秘的冷靜的西藏》第 491 頁，上海時報館 1940 年版。
〔註121〕凌純聲《松花江下游的赫哲族》第 74 頁，上海文藝出版社 1990 年版。
〔註122〕《中國地方志民俗資料彙編·東北卷》第 479 頁，書目文獻出版社 1989 年版。
〔註123〕凌純聲《松花江下游的赫哲族》第 73 頁，上海文藝出版社 1990 年版。

則買主以灰刷刷貨上作一記號。若係定貨者，則訂一日期交貨。由賣主取一小石片剖爲二，各藏其一，名曰合同，土名達浪打。交貨時，見此合同即發貨也。」〔註 124〕

在這種交易方式裏，可以發現他們：一是沒有現代貿易模式，卻有自己民族或者地區交易規則。二是沒有合同，卻很講究信用，一般都不會違約。這就是民族地區交易的基本形態與原則。

由於交通等原因，居住在深山老林裏的民族，他們的布料的交易往往非常不易，交易需要有一定固定的時間，「名家夷爲較與漢人漸同化者，大部分在雲南生活，其來貢嘎者，年一至，至則住三五月始去，蓋爲貿易而來者也。」〔註 125〕雖然路途遙遠，山路崎嶇，布料交易很不容易，但是沒有擋住民族之間貿易的腳步，每到新年一到，生意人就開始到貢嘎山去進行各種貨物（其中也包括布料等）的交易，一住則需要三五個月。

〔註 124〕 《西行艷異記》第 1 冊第 2 部《西康東部情形》第 154-155 頁：上海時報館 1940 年版。

〔註 125〕 《西行艷異記》第 2 冊第 2 部《西康東部情形》第 252 頁，上海時報館 1940 年版。

附 圖

康藏地區少女

康藏地區少女

西康地區男女

藏族彈琴女子

藏族喇嘛

苗族鼓手集體合影

苗族男子

赫哲族持鼓薩滿

赫哲族傳統牛皮鞋

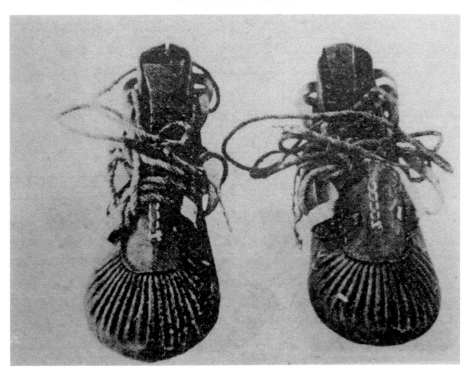

赫哲族鹿皮快鞋

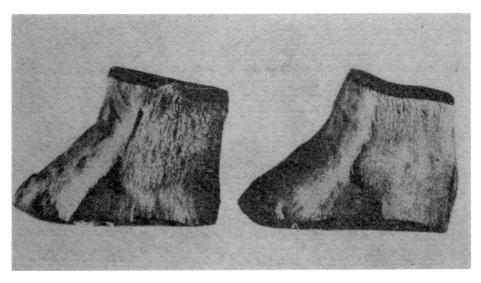

穿著鹿皮的赫哲族婦女

鹿皮女衣

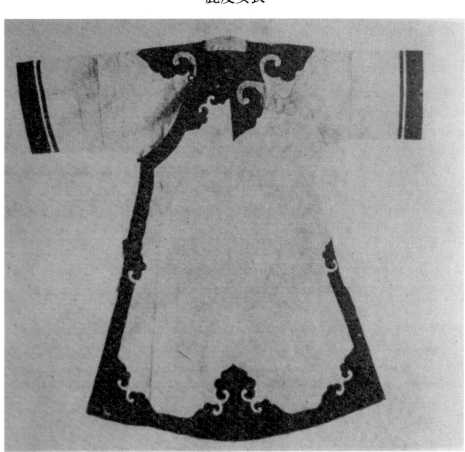

穿麂皮大衣的男性

廳皮大衣

夏季赫哲族樺皮帽子

赫哲族男子

赫哲族婦女槌制魚皮

後　記

本書是我研究上海服裝文化之後的又一部服裝方面的著作。

早在 20 世紀末，由於長期在準備《上海文化通史》中「服裝」一章的寫作過程中，積纍很多關於服裝文化的資料，而這些資料足足可以撰寫兩三本書，其中特別是民國時期（主要是 30 年代）的服裝資料彌足珍貴，更捨不得放棄，故決定在寫完《上海服裝文化史》（東方出版中心 2010 年出版）之後，就想要進一步寫作民國服裝文化的著作，而這方面的內容過去國內雖有人涉獵，但見書者不多，因此就利用這些資料參與《中國風俗通史·民國卷》的寫作，隨後就在準備《中國民國服裝文化史》的寫作，曾經與幾家出版社談及，都不了了之。

老實說，現在寫作的衝動已經不足，如果沒有出版社的鼓勵就更難有寫作的欲望。而這次引發我寫作此書的動力，就在於臺灣花木蘭文化出版社的大力扶持，要感謝翁敏華教授、楊嘉樂先生的大力無私的指導和支持，也要感謝我的妻子對我研究工作的全身心輔助。

應該說，要研究民國服裝文化，還有很多可以開拓的領域，在此，我僅僅做了一點研究工作，同時也參考了前人的研究成果，其中肯定有不足之處，還望方家指正。

徐華龍

2012 年 7 月 30 日

倫敦奧運會期間